2040년이 보이는
미래 사회 설명서 1

2040년이 보이는
미래 사회 설명서

한국미래전략연구소W 황윤하 지음

지속 가능한 자원과 경제

1

┤미래를 만들기 위한 열두 가지 질문├

'나에게 미래란 ○○이다.'

여러분은 이 질문에 답을 해본 적이 있나요? 잠깐 시간을 내어 함께 생각해 볼까요? 어떤 단어가 떠올랐나요? 바로 답이 떠오른 사람도 있을 거고, 잘 떠오르지 않았던 사람도 있을 거예요.

미래는 누구에게나 어려운 주제입니다. 미래 연구자인 저 역시도 미래를 100퍼센트 알 수는 없어요. 미래 연구에는 세 가지 원칙이 있는데 그중 첫 번째가 '누구도 미래를 예언할 수 없다'입니다. 그만큼 아직 오지 않은 미래를 정확히 맞힌다는 것은 불가능하죠.

그렇다면 미래를 어떻게 준비해야 할까요? 준비한다는 것이 가능할까요? 이에 대한 답은 두 번째 원칙에 숨어 있어요. '그러나 다양한 미래는 예측할 수 있다.' 정답 같은 하나의 미래를 맞힐 수는 없지만 다양한 미래 상황을 상상해 볼 수는 있다는 거예요. 이를 통해 우리는 내가 살고 싶은 미래를 발견할 수 있게 됩니다. 이게 바로 세 번째 원칙이에요. 다양한 미래 상황을 상상해 보는 연습을 하면서 '살고 싶은 미래를 발견하고 직접 만들어 볼 수 있다'는 것이죠.

이 책을 읽고 있는 여러분과 비슷한 나이일 때 저는 그림 그리는 것을 좋아하는 학생이었어요. 잘 그리진 못했지만 흰 종이 위에 이것저것 그리고 싶은 것들을 표현했죠. 대학교에서는 시와 소설을 썼어요. 저의 생각을 글로 표현하는 것을 좋아했습니다. 그리고 취미로 기타를 치기 시작했는데, 20대 중반쯤에는 노래를 만들어 사람들 앞에서 부르기도 했답니다. 작사·작곡한 음악으로 작은 앨범을 내기도 했죠. 그만큼 저는 무언가를 만드는 걸 참 좋아했어요. 지금 돌아보면 긴 진로 찾기의 과정이 아니었나 싶네요.

그리고 20대 후반에 과학기술정책연구원의 미래연구센터에서 미래 연구를 접하게 됐어요. 미래를 연구한다는 사실이 신기하기도 했고 재미도 있었습니다. 그리고 살고 싶은 미래를 스스로 만들 수 있다는 미래 연구의 세 번째 원칙을 알게 됐어요. 그림을 그리거나 글을 쓰는 것처럼, 음악을 만드는 것처럼 미래도 스스로 만들 수 있다고? 저의 지난날들이 떠올랐어요. 미래 역시 만들 수 있다는 사실에 놀라면서도 설레던 기억이 납니다. 그렇게 8년이라는 시간이 흘러 이제 여러분께 제가 경험한 미래 만들기 방법을 함께 나누려고 해요.

《2040년이 보이는 미래 사회 설명서 1: 지속 가능한 자원과 경제》는 미래를 향한 첫 번째 발자국을 뗄 수 있도록 도와주는 책입니다. 미래가 어렵고 두려운 여러분에게, 혹은 모르고 관심이 없어서 외면했던 여러분에게 손을 내밀어 미래로 함께 걸어 보자고 제안하는 책이에요. 미래에 대한 구체적인 상상과 예측이 들어 있는 동시에 과거의 역사, 현재의 트렌드, 다양한 통계치도 함께 읽어 볼 수 있습니다.

여러분은 물과 관련한 질병으로 매일 1,000명의 아이들이 죽어가고 있다는 사실을 알고 있나요? 전 세계에 버려지는 70억 톤의 플라스틱 쓰레기 중 9퍼센트만 재활용되며, 지난 40년간 전 세계 척추동물의 60퍼센트가 감소했다는 사실도요. 이렇게 걱정스러운 변화와 함께 이를 대비한 냉동 동물원이 생겨나고, 2003년생 소녀가 세계의 환경 이슈를 이끌며, 필요하지 않다면 자기 회사 제품을 사지 말아 달라고 광고하는 기업도 있다는 것을 알고 있나요? 이러한 사실을 토대로 우리는 다양한 미래를 상상해 볼 수 있어요.

미래를 스스로 만들어 가기 위해서는 내가 무엇을 좋아하는지, 어떤 미래에 살고 싶은지 아는 것도 중요하지만 세상이 어떠한 방향으로 흘러가고 있는지, 이러한 강력한 흐름을 만드는 원인이 무엇인지도 알아야 합니다. 사람들이 '살고 싶은 미래'와 세계가 이끌어가는 '가능성이 큰 미래'가 상호작용을 하면서 진짜 미래가 오는 것이죠. 여러분은 이 책을 읽으며 열두 번의 미래 예측 연습을 하게 될 거예요. 과거의 역사와 현재 트렌드를 참고해 여러분만의 미래 뉴스를 써보세요. 그리고 나는 이 미래에 살고 싶은지, 내가 살고 싶은 미래가 오게 하기 위해서는 무엇을 해야 하는지 생각해 보세요. 생각을 행동으로 옮길 때, 여러분이 살고 싶은 미래는 조금씩 다가와 있을 거예요.

미래 연구를 하며 가장 행복한 순간은 전국을 다니며 청소년들을 만날 때입니다. 미래에 대한 생각을 자유롭게 쏟아 내는 청소년들과 함께할 때면, 제가 미처 보지 못했던 미래들이 반짝하고 떠오를 때가 많았어요. 동시에 학업과 삶에 지쳐 미래를 마음껏 상상하지 못하는 모습을 볼 때면 마음이 아프기도 했고요.

그럼에도 제가 만난 모든 청소년은 그 자체로 모두 멋진 미래였어요. 이 책은 그 순간들에 대한 감사와 영감을 담은 책이라고 할 수 있습니다. 두려워하지 말고 미래를 즐기세요. 누구나 미래를 만들어 갈 수 있답니다.

차례

3부 경제와 공공성

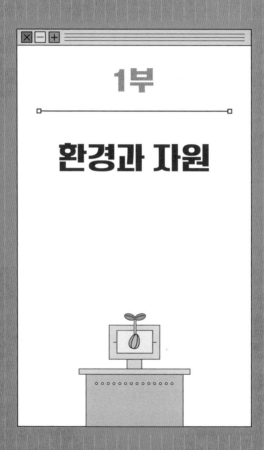

1부

환경과 자원

누구나 하루에 한 번 샤워할 수 있을까?

2040년 12월 31일　　　　　　　　　다른일보 이미래 기자

1인당 물 소비량이 하루 30리터로 제한되다

올해도 워터리스트water list를 둘러싼 공방이 치열하다. 한 해 동안 가장 많은 물을 소비한 기업, 지역, 가구의 순위를 공개하는 워터리스트는 2035년 12월 처음 시행되었다. 사상 최악의 가뭄이 이어지던 그해 8월, 정부는 1인당 물 소비량을 하루 30리터로 제한했다. 시민들은 강력하게 반발했지만, 만약 이 약속이 지켜지지 않을 시 8월 중 물 공급을 완전히 끊겠다고 정부는 경고했다.

시민들은 과거에 겪은 악몽 같은 상황을 떠올렸다. 2019년 지역별로 드문드문 이어지던 붉은 수돗물 사태는 집중호우와 무더위가 반복되던 2020년 여름, 경기도 남부 지역으로 확대되었다. 상하수도의 낙후, 공사 도중 발생한 사고, 정화장치 고장 등 정부는 다양한 원인을 들었지만 시민들은 수돗물을 신뢰하지 않게 되었다.

서울의 한 초등학교 전교생이 콜레라에 걸린 이후, 콜레

라는 빠르게 확산되었다. 물을 통해 전염되는 콜레라는 우리나라를 공포에 떨게 했다. 집마다 깨끗한 물을 당연하게 사용해 왔던 한국인들은, 더는 씻지도, 먹지도 못한 채 깨끗하고 안전한 물을 찾기 위해 고군분투했다.

깨끗한 물 확보가 중요해지자 물 소비가 많은 식품과 공산품은 시장에서 퇴출되기 시작했고, 모든 제품에는 각 식품과 물품을 제공하기 위해 얼마만큼의 물이 사용되었는지를 표시하는 물 발자국water footprint 기재가 의무화되었다. 샤워는 3일에 한 번, 3분 동안이라는 33운동이 확산되었다.

작년 1월 1일, 워터리스트에 오른 기업은 초콜릿 기업 C, 지역은 서울, 가구는 서울에 거주하는 4인 가족 K씨를 비롯한 500가구였다. K씨 가족은 하루 평균 30분 이상 샤워를 하는 것으로 나타났으며 때때로 목욕도 했다. 또한 냉장고에는 대표적 물 사치 식품인 아보카도와 소고기 등이 있었고, 생화 장식을 즐겨한 것으로 확인되었다.

조사 결과 워터리스트가 인권침해라고 생각하는 의견은 17퍼센트, 공공의 이익을 위해서는 당연한 조치라는 의견은 69퍼센트, 무응답은 14퍼센트였다.

깨끗한 물을
마실 권리

매년 3월 22일은 국제연합UN, United Nation이 지정한 '세계 물의 날'입니다. 전 세계에 물의 소중함을 알리고 물 문제 해결을 위해 협력하자는 뜻으로 1992년부터 시행했죠.

2019년의 물의 날 국제연합에서 발표한 주제는 '누구도 소외되지 않게Leaving no one behind'였습니다. 세계 모든 사람이 차별 없이 안전한 물을 공급받아야 한다는 메시지를 담고 있어요.

사람은 물 없이 살아갈 수 없습니다. 우리의 몸의 70퍼센트는 물로 이루어져 있고, 수분이 10퍼센트만 빠져나가도 생명이 위험해집니다. 열흘 동안 물을 섭취하지 않으면 목숨을 잃죠. 그만큼 물은 사람의 삶과 직결됩니다. 안전한 물을 마실 권리는 안전한 삶을 살아갈 권리라고도 할 수 있어요.

물은 지구 면적의 70퍼센트 이상을 차지하고 있습니다. 이처럼 물이 풍부한데 왜 물 문제는 여전히 심각할까요? 지구에 있는 물 가운데 97.5퍼센트는 바닷물이에요. 물은 물이지만 염분을 함유하고 있어 마실 수도 없고, 자원으로 활용하기도 어렵죠. 빙하와 같이 바로 활용하기 어려운 물을 빼고 나면, 우리가 이용할 수 있는 민물은 0.7퍼센트뿐이에요. 우리에게 꼭 필요한 것은 그냥 '물'이 아니라 '깨끗하고 안전한 물'입니다.

산업혁명 말기, 영국인이 가장 두려워한 질병은 콜레라였습니다. 1831년대부터 1848년까지 3만 5,000명이 넘는 사망자를 냈죠. 발생 사흘 만에 127명이 사망했을 정도로 전파 속도도 빨랐습니다. 당시 영국은 일자리를 찾으려는 사람들이 도시로 급격히 몰려들었지만 그들을 수용할 만한 시스템이 마련되지 않았죠.

사람들은 오물을 길에 버리기 시작했고, 식수가 오염되었습니다. 당시 사람들은 콜레라가 물을 통해 전염된다는 걸 알지 못했습니다. 1885년에야 물과 콜레라의 연관성이 밝혀졌어요.

과거 한국도 다르지 않았습니다. 인구가 늘면서 깨끗하고 안전한 물이 점점 사라져 갔고, 그만큼 물을 구하는 일이 중요해졌습니다. 조선시대 물 긷는 일은 노비가 주로 하는 일이었지만, 노비가 줄고 물을 원하는 사람이 늘어나면서 '물장수'라는 직업이 등장합니다. 물장수는 깨끗한 물을 길어다 지게에 지고, 집집에 배달해 주었죠. 1800년대 전후에 등장한 물장수는 1970년대까지 명맥을 이어갑니다. 1970년대까지도 한국의 수도 시설이 완벽하지 않았다는 이야기입니다.

21세기에도 해결하지 못한
물 문제

이제는 집마다 수도를 쓰는 것이 당연한 시대가 되었습니다. 정수기를 놓거나 생수를 사먹는 사람들도 많죠. 우리나라는 전 세계에서 수도 요금이 저렴한 국가 중 하나이기도 하고요. 누구나 손쉽게 물을 구할 수 있다는 점에서, 2019년 '세계 물의 날' 주제인 '누구도 소외되지 않게'라는 메시지는 우리나라와 관계없어 보입니다. 하지만 놀랍게도 경제협력개발기구OECD, Organization for Economic Cooperation and Development는 2050년 우리나라가 OECD 회원국 가운데 물 부족으로 가장 큰 고통을 받을 것이라고 경고합니다. 어째서일까요?

과거와 비교해 깨끗하고 안전한 물을 편리하게 사용할 수는 있게 되었지만 물이라는 자원은 점점 고갈되고 있습니다. 물 소비량과 수입량도 꾸준히 증가하고 있죠. 동시에 기후변화로 해수면이 상승해 담수가 줄어들고 있고요. 이러한 점진적 변화뿐 아니라 사람이 통제하기 힘든 자연재해나 전쟁, 국가적 재난도 있어요. 그러니 안전한 물을 계속 얻으리라고 보장하기는 힘들죠.

2010년 아이티에 대지진이 발생해 많은 사람이 목숨을 잃었습니다. 곧이어 콜레라가 창궐해 1만 명 가까운 사람이 더 목숨을 잃었죠. 콜레라는 아이티에 낯선 질병이었습니다. 아이티 정부는 당시 파견된 국제연합 평화유지군UNPKF, United Nations Peace Keeping Force이 콜

2010년 대지진으로 수많은 생명을 잃은 아이티는 곧이어 콜레라의 확산으로 큰 시련을 겪었습니다.

레라를 옮겼다고 주장했어요. 그들의 주둔지에 정화 시설이 제대로 확보되지 못했기 때문이죠. 2016년 후 UN은 공식적으로 사과했지만 아이티는 지금까지 콜레라로 고통받고 있습니다.

당장 깨끗한 물을 사용할 수 있는 우리는 물 때문에 목숨을 잃는 것을 먼 문제로 느낍니다. 하지만 물을 오염시키는 속도가 물을 정화하는 속도보다 빠르다면, 언젠가 우리가 사용할 깨끗한 물이 남지 않게 될 것입니다. 간장 한 숟가락을 정화하려면 욕조 1개 반을 채울 양의 물이 필요하고, 유통기한이 지난 500밀리리터 우유를 정화하려면 욕조 20개를 채울 물이 필요하죠. 같은 양의 기름을 흘려보내면 욕조 300개를 채울 물이 있어야 하고요. 우리가 흘려 보내는 오염된 물은 우리가 마시고 사용하는 물로 돌아옵니다.

물은 종종 사유화되어 권력이 됩니다. 1999년 경제적 어려움 속에서 상하수도 운영권을 민영화한 볼리비아는 이듬해 수도 요금이 네 배 가까이 오르게 됩니다. 그만한 돈을 낼 수 없던 시민들은 강력하게 반발했고, 시위를 진압하는 과정에서 많은 사상자가 발생했죠.

다양한 브랜드의 생수도 물의 사유화, 자본화를 보여줍니다. 기업들이 생수 시장을 놓고 경쟁하면서 무분별한 개발을 추진하기도 하죠. 이 때문에 환경오염이나 지하수 고갈 같은 문제점이 생겨났습니다. 피해는 결국 소비자에게 돌아옵니다. 그런데도 생수의 국내 소비는 늘고 있어요. 생수 한 병을 만들기 위해서는 단지 물만 필요한 게 아니에요. 물을 담는 페트병을 만들기 위해 석유도 사용됩니다.

생수 한 병을 만들기 위해서는 단지 물만 필요한 것이 아닙니다. 페트병을 만들려면 석유도 필요합니다.

이 때문에 페트병 생수를 향한 비판의 목소리도 커져 갑니다. 깨끗하고 몸에 좋은 물이라고 광고하지만 수돗물보다 특별한 점이 없으며, 오히려 환경오염을 일으킨다는 것이죠.

....

더 나은 미래를 위한
물 발자국

2018년 남아프리카공화국 정부는 '데이제로day zero' 카운트다운에 돌입합니다. 데이제로란 남아공의 수도인 케이프타운에 물 공급을 완전히 중단하는 것으로, 말 그대로 물 없는 도시가 되는 것을 뜻하죠. 3년 동안 극심한 가뭄을 겪은 남아공 정부는 저수지 물이 마르면서 급수를 중단할 수밖에 없음을 선포했습니다. 국가재난사태에 돌입한 것입니다. 400만 명의 케이프타운 주민들은 하루 50리터의 물만 사용하며 버텨 냈습니다. 설거지와 빨래에 18리터, 샤워에 15리터, 변기 물을 내리는 데 9리터, 마시는 물 4리터 등을 합한 양이었죠. 50리터는 미국인이 하루 사용하는 양의 7분의 1수준입니다.

남아공에 물이 부족하게 된 데는 여러 이유가 있습니다. 첫째, 가뭄입니다. 남아공의 강수량은 우리나라의 절반 수준이며 그마저도 줄고 있습니다. 둘째는 인구의 증가입니다. 남아공의 입법 수도인 케이프타운은 지난 20년 사이 290만 명에서 400만 명으로 인구가 증가했습니다. 하지만 도시는 인구 증가에 맞는 안정적 시스템을 확보하지 못했습니다. 셋째는 미래를 보지 못한 물 활용 계획입니다. 세계적인 와인 생산지인 케이프타운은 농업에 많은 물을 씁니다. 케이프타운이 있는 웨스턴케이프 주의 전체 인구는 700만 명인데, 이들이 사용하는 물보다 와인을 생산하는 데 드는 물이 세 배나 많다고 해요. 포도가 인간보다 물을 세 배 이상 쓰는 것이죠.

이처럼 물은 사람이 소비하는 것들 속에도 녹아 있습니다. 소고기 1킬로그램이 식탁 위에 오르려면 1만 5,000리터가 넘는 물이 필요합니다. 사료를 생산하고, 배설물을 처리하고, 고기로 만드는 도축 과정까지, 소를 키우는 과정에서 엄청나게 많은 물을 소비하고, 그만큼 많은 물이 오염되는 것이죠. 1998년 물 문제의 세계적 권위자 토니 앨런Tony Allan 교수는 물에 대한 경각심을 높이기 위해 '가상수Vitual Water'라는 개념을 제시합니다. 가상수는 농산물, 축산물, 공산품 등을 생산하는 데 드는 물의 양을 의미하는데, 이제는 **물 발자국**이라는 개념으로 확산되고 있습니다.

> ⊗ ⊖ ⊕
>
> **물 발자국**water footprint
>
> 제품의 생산부터 사용, 폐기까지 전 과정에서 얼마나 많은 물을 쓰는지 나타내는 환경 관련 지표입니다. 2002년 네덜란드의 아르옌 훅스트라 Arjen Y. Hoekstra 교수가 고안했습니다.

식품의 원산지를 표기하는 것처럼, 물 발자국이 모든 식품과 공산품에 의무적으로 공개된다면 어떨까요? 물건을 고르는 기준은 사람마다 다르죠. 어쩌면 미래에는 물 발자국이 상품을 고르는 중요한 기준이 될지도 모릅니다. 그리고 물 소비량이 많은 상품은 자연스럽

소고기 1킬로그램이 식탁 위에 오르려면 1만 5,000리터가 넘는 물이 필요합니다.

게 시장에서 사라질 수도 있겠죠. 현재 많은 사람에게 사랑받는 소고기는 대표적으로 물 소비량이 많은 식품으로, 물 발자국 기준으로 보면 가장 먼저 퇴출해야 할 식품이라고 할 수 있습니다.

UN의 발표에 따르면, 세계 인구는 2019년 77억 1,000만 명에서 2067년 103억 8,000만 명으로 늘어날 것으로 예측됩니다. '안전하고 깨끗한 물'은 이들에게 고르게 제공될 수 있을까요? 인구 감소가 예상되는 우리나라는 물 문제를 겪지 않을까요?

국제연합 아동기금UNICEF, United Nations Children's Fund과 세계보건기구 WHO, World Health Organization는 2015년에 〈위생과 마시는 물 2015〉라는 보고서를 발표했어요. 여기에 따르면 수인성 질병병원성 미생물이 물을 통해 전파되어 발생하는 질병으로 매일 1,000명에 이르는 아이들이 죽어가고 있다고 해요. 또 화장실이 없어 길에서 배변하는 인구도 11억 명에 이르고요. 인류는 많은 발전을 이루었지만, 누구도 소외되지 않게 깨끗한 물을 제공하는 일은 여전히 해결하지 못한 문제입니다.

물은 끊임없이 순환합니다. 지구 반대편에서 물이 부족해 고통받고 있는 사람과 내가 마신 한 잔의 커피가 무관하지 않다는 걸 알게 된다면, 우리의 소비 기준도 달라지겠죠.

윤리적 소비란 나의 소비 행위가 다른 사람, 사회, 환경에 어떤 결과를 가져올지 고려해 환경과 사회에 바람직한 방향으로 소비하는 것을 뜻합니다. 미래에는 물 발자국이 가격이나 원산지보다 중요한 선택 지표가 되지 않을까요?

굶는 사람이 줄어들고 식량은 풍성해질 수 있을까?

2050년 10월 9일   다른일보 이미래 기자

푸드 컴퓨터, 600년 전 세종대왕의 수라상 재현

한국미래식품연구소는 한글날을 맞아 세종대왕이 먹었던 600년 전 수라상을 그대로 재현해 공개했다. 푸드 컴퓨터인 KFC-09Korea Food Computer-09로 만든 이 밥상은 1440년의 토양, 일조량, 풍량을 그대로 재현해 배추를 재배했고, 배추백김치에 들어가는 무, 파, 마늘 또한 당시의 환경을 그대로 조성해 만들었다.

세종대왕이 좋아했던 너비아니 또한 최첨단 기술이 활용되었다. 몇 년 전까지만 해도 육질을 그대로 담아내지 못한다는 평을 받았던 식물성 배양육은 진화를 거듭해 소, 닭, 돼지와 같은 고기의 종류를 그대로 재현할 수 있게 되었을 뿐 아니라 항정살, 삼겹살, 가슴살 등 부위별 배양도 가능해졌다.

이번에 공개한 너비아니는 소고기의 채끝등심을 식물성으로 배양해 재현했고, 블라인드 테스트를 통해 완성도를

평가하는 튜링 테이스트 검사도 높은 점수로 통과했다.

자연재해와 기후변화 대응을 위한 '푸드 컴퓨터'가 상용화된 이후 지역과 환경의 특징을 그대로 반영한 식품 재배는 점차 진화해 왔다. 강릉 시청에서 1982년 프랑스 보르도산 포도를 재배해 와인을 담그거나, 용인시 가정집에서 1994년 제주 감귤을 재배해 맛보는 것이 가능해진 것이다. 다만 기술 개발의 최초 목표였던 식량 문제 해결에는 기여한 바가 없다는 지적도 있다.

2050년 현재 기아 인구는 4억 명이다. 이는 30년 전의 절반 수준으로, 여전히 신생아 세 명 중 한 명이 저체중으로 태어나고 있다.

우리나라의 혼분식
장려 운동

모자라는 흰쌀에만 마음 쏠리던 연약한 지난날 이제는 안녕
잡곡이 밀어 주는 알찬 살림에 우리도 즐겁게 살아가겠네
쑥쑥 키가 큰다 힘이 솟는다 혼식 분식에 약한 몸 없다
〈즐거운혼식분식〉가사

여러분은 이 노래를 들어 본 적이 있나요? 〈즐거운 혼식 분식〉은
1975년, 우리나라의 혼분식 장려 운동과 함께 만들어진 건전 가요
입니다. "모자라는 흰쌀에만 마음 쏠리던 연약한 지난날"이라는 가
사가 지금 보면 재미있죠. 하지만 당시 쌀 부족은 심각한 사회문제
였습니다. 쌀 부족과 기근을 해결하기 위해 국가는 다양한 정책을
시행했고, 혼분식 장려 운동도 그중 하나였습니다.

6 · 25 한국전쟁 이후 우리나라의 목표는 식량 부족 해결이었지만,
1960년대까지도 이 문제는 해결되지 않았습니다. 국가 재건을 이루
어야 하는 척박한 상황에서 가뭄, 홍수 등 자연재해가 겹치며 쌀 생
산량은 점점 줄어들었죠. 주식인 쌀만으로는 국민의 굶주림을 해결
할 수 없었어요. 국가는 이를 해결하기 위해 쌀에 보리, 콩, 조 등 잡
곡을 섞어 먹는 혼식과 밀가루 음식인 분식을 장려합니다. 쌀보다
퍽퍽하고 저렴한 보리는 서민 음식이었지만 건강에 좋다는 장점을

내세우기 시작했고, 미국의 원조로 넉넉했던 밀도 적극적으로 홍보했죠. 이러한 사회 분위기 속에서 〈즐거운 혼식 분식〉 노래가 탄생하게 되었습니다.

국가의 혼분식 장려 운동은 캠페인에 그치지 않았습니다. 혼식을 잘하고 있는지 확인하기 위해 학생들의 도시락을 검사했고, 쌀과 잡곡이 30퍼센트 이상 섞여 있지 않으면 도시락을 먹지 못하게 하는 등 강제로 규칙을 지키게 했습니다. 빵과 같은 서양식 음식과 인스턴트 라면도 이 시기에 널리 퍼집니다. 이를 기점으로 한국인의 식습관은 크게 변합니다. 1965년 13.8킬로그램에 불과하던 1인당 연간 밀 소비량이 불과 4년 뒤인 1969년에는 28.7킬로그램으로 두 배 이상 증가했죠.

10여 년에 걸쳐 식습관의 변화를 추진한 근본적인 이유는 우리나라가 가난과 굶주림에 시달리는 식량 부족 국가였기 때문입니다. 한국은 전쟁 이후 1960년대 초반까지 무상 원조에 의존하는 국가였습니다. 식량을 자급할 수 없어 끊임없는 굶주림에 시달리다 1977년에 이르러서야 처음으로 쌀 자급자족을 달성합니다. 그리고 1995년이 되어서야 국제개발협회International Development Association의 도움을 받는 수원국 명단에서 제외되죠.

넘쳐나는 식량,
줄지 않는 기아 인구

오늘날 우리나라는 어떤가요? 쌀 부족, 혼분식 장려는 이제 과거의 이야기가 되었습니다. 오히려 줄어드는 쌀 소비, 음식물 쓰레기 증가, 영양실조가 아닌 영양 과잉과 비만이 사회문제가 되었죠. 이는 우리나라만의 변화가 아닙니다. 농업 기술과 유통망의 발달로 세계는 더 많은 식량을 더 빠르게 생산하기 시작했습니다.

식량농업기구의 보고에 따르면 1984년 지구가 생산한 식량의 양은 120억 명의 인구를 먹여 살릴 수준이었다고 합니다. 2019년 현재 전 세계 인구는 약 77억 명 정도이니, 30여 년 전부터 지구는 전 세계 사람들이 충분히 먹고도 남을 만큼의 식량을 생산하고 있던 거죠.

지구의 식량 문제는 얼마나 해결되었을까요? 2019년 발표한 국제연합 아동기금의 보고서에는 전 세계의 기아 인구가 급증하면서 2018년 기준으로 굶주림에 시달리는 인구가 8억 2,000만 명을 넘어섰다고 합니다. 2015년까지도 신생아 일곱 명 중 한 명에 해당하는 2,050만 명의 아기들이 저체중으로 태어났습니다. 2012년부터 진행해

식량농업기구FAO, The Food and Agriculture Organization

1943년 설립된 국제연합의 전문 기구입니다. 식량 농업 분야에서 국제 협력 및 전문 지식 보급을 통해 기아 종식 및 영양 수준 개선에 기여하고 있습니다.

지구는 전 세계 인구가 모두 먹고도 남을 만큼 식량을 생산하지만, 여전히 10억 명 가까운 인구가 굶주림에 시달리고 있습니다.

온 저체중 해소 노력이 별 성과가 없었다는 것이죠. 더 빠르게, 더 많이 생산된 식량도 기아 인구를 줄이는 데는 크게 이바지하지 못한 것으로 보입니다. 한쪽에서 식량이 넘쳐 비만과 버려지는 음식 쓰레기를 걱정하고 있는 동안 다른 쪽에서는 여전히 굶주림에 시달리는 사람들이 있는 것이죠. 이처럼 기아 문제는 국가 간 격차가 매우 큽니다.

2019년 세계기아지수Global Hunger Index에 따르면 중앙아프리카공화국, 예멘, 차드, 잠비아, 마다가스카르가 차례대로 기아 위험 국가 순위에 올랐습니다. 세계기아지수의 지표는 아동의 영양 부족 상태, 영유아 사망률, 영양 결핍 인구의 비율로 구성됩니다. 위의 다섯 나라는 기아가 높은 수준이며, 특히 중앙아프리카공화국은 기아 지수가 가장 높아 위험한 상황입니다. 인구의 60퍼센트가 영양 결핍 상태라는 결과였죠. 이쯤 되면 한 가지 의문이 생깁니다. 식량이 풍족한 나라에서 기아에 시달리는 나라를 도와줄 수는 없을까요?

물론 식량 원조는 꾸준히 이루어지고 있습니다. 그런데도 기아 문제를 해결하기 힘든 것은 단순히 식량을 전달하는 것만으로는 문제를 근본적으로 해결할 수 없기 때문입니다. 1960년 초까지 무상 원조를 받던 우리나라가 이후 유상 원조로 전환하며 국가 자생력을 길렀듯, 현재 기아에 시달리는 국가들 역시 무상 원조를 넘어선 해결책이 필요합니다.

1998년 노벨 경제학상을 받은 인도 출신의 경제학자이자 영국 트리니티대학교의 학장인 아마르티아 센Amartya Sen은 영국의 주간지

〈옵서버Observer〉에 기고한 칼럼 '왜 세계의 절반은 굶주리는가Why Half the Planet is Hungry'에서 기아 문제의 근본 원인을 정치체제로 보았습니다. 굶주림 문제를 정치적 쟁점으로 가지고 올 수 있는 국가일수록 기아를 극복할 힘이 생긴다는 것입니다. 실제로 기아 문제를 겪고 있는 나라들은 정치체제가 불안정하고 민주적 정부를 갖추지 못한 경우가 많습니다. 또한 기아는 국가의 낮은 소득 및 실업과도 관련이 있고, 이를 위해 원조국들은 문맹 퇴치, 질병 감소 등 식량 원조를 넘어선 지원이 필요하다는 것입니다.

지리적 위치도 기아 문제와 밀접합니다. 기아 위험국으로 지정된 다섯 나라는 모두 아프리카 대륙에 위치하며 물 부족 문제에 직면해 있습니다. 이들 지역의 공통점은 태생적으로 농경지가 적다는 것입니다. 그럼에도 인구의 55퍼센트가 농업에 종사하는 아프리카 대륙은 빈곤에서 벗어나기 힘든 상황입니다. 미래를 대비하지 못한다면 기아에서 벗어나는 것도 힘들죠.

· · · · · ·

식량 문제 해결을 위한
다양한 대안

미국 매사추세츠공과대학교 미디어랩Media Lab의 책임자인 칼렙 하퍼Caleb Harper는 첨단 기술과 농업을 연결해 식량 문제를 해결하려 하고 있습니다. 그가 개발한 퍼스널푸드컴퓨터Personal Food Computer 는 언제 어디서나 식량을 생산할 수 있는 기계로, 지역적 조건과 기반 시설의 차이를 극복할 수 있게 해줍니다. 기후변화와 무관하게 식량을 생산할 수 있는 기술이죠. 그는 누구나, 언제, 어디서든 농부가 될 수 있는 미래를 꿈꾸고 있습니다.

후쿠시마 원전 사고

2011년 일본 도호쿠 지방 지진해일로 후쿠시마의 원자력 발전소에서 일어난 방사능 대량 유출 사고입니다. 국제 원자력사고등급의 최고 단계인 7단계를 기록했죠. 방사능 오염수가 지하수와 바다로 흘러들어 인근 땅과 바다가 심각하게 오염되었습니다.

그가 이러한 비전을 갖게 된 것은 2011년 후쿠시마 원전 사고의 영향이 컸습니다. 사고 직후 칼렙 하퍼는 도시 재건을 위해 후쿠시마를 찾았습니다. 황폐해진 후쿠시마를 본 그는 기후변화에 좌우되지 않는 지속 가능성을 고민하기 시작했습니다. 그는 모국으로 돌아간 뒤 전공을 바꾸었고, 기후 재건 연구를 시작합니다. 그 성과가 퍼스널푸드컴퓨터로 나타난 것이죠.

현재 이 연구소에는 80개 이상의 기업과 기관이 회원으로 가입해 미래 식량과 농업에 대해 도움을 요청하고 연구도 지원하고 있습니다. 대표적인 회사로는 누텔라 잼을 만드는 이탈리아의 제과 회사인 페레로가 있습니다. 페레로는 오랫동안 헤이즐넛 수급에 어려움을 겪고 있었습니다. 헤이즐넛의 70퍼센트는 터키의 흑해 연안에서 자라는데, 이 지역이 우박과 폭풍, 늦은 서리로 황폐화되었기 때문이죠. 기후변화가 경영에 위협이 되기 시작했고, 결국 미디어랩의 도움을 받기로 한 것입니다.

2011년 도호쿠 지방에서 발생한 지진해일로 일본의 후쿠시마 지역은 폐허가 되었고, 방사능이 대량 유출되었습니다.

안전하게 작물을 재배하는 것이 목적인 퍼스널푸드컴퓨터는 LED 조명으로 태양을 시뮬레이션하고, 온도, 습도, 수소이온농도 지수pH, 이산화탄소 농도, 물 공급 등 모든 변수를 인공지능으로 최적화해 제어합니다. 이러한 방법이 가능하다면, 작물을 오염시키지 않고 건강하게 재배할 수 있을 뿐 아니라, 환경 변화에 따른 특색도 부여할 수 있게 됩니다. 같은 품종의 작물이 환경에 따라 맛과 영양이 달라지듯, 인공지능으로 환경 변수를 조절해 특정 지역의 특색을 담을 수 있게 되는 것이죠.

식량 문제는 최첨단 기술만이 아니라 다른 방식의 변화를 통해서도 해결할 수 있습니다. 세계기아지수 책임자인 올리브 토위Olive Towey는 2017년 〈세계기아리포트Global Hunger Report〉에서 세 가지 사례를 소개합니다.

먼저 아프리카 잠비아에서 시행된 영양개선형농업RAIN, Realigning Agriculture to Improve Nutrition 사업은 농업 생산량 증진과 함께 다양한 작물을 기를 수 있도록 돕는 프로젝트입니다. 여성 농부를 지원해 여성 권리 증진이 함께 이루어졌고, 가정 내 식품 종류가 더욱 다양해지는 변화를 이끌어 냈습니다. 그 덕에 발육부진 아동의 비율도 매우 낮아졌다고 해요.

다음은 아프리카 차드의 고즈베이다 지역에서 진행된 급성영양실조 회복력 강화 프로그램CRAM, Community Resilience to Acute Malnutrition입니다. 기후변화에 매우 민감했던 이곳은 토양을 보호하고 수분을 보호하는 등 예방 조치를 통해 회복력을 강화했고, 그 덕에 재해가 일어나도 쉽게 극복할 수 있게 되었다고 합니다.

마지막 사례는 졸업프로젝트Graduation Project입니다. 아프리카 부룬디와 르완다 등에서 시행한 프로그램으로, 주민들에게 문자를 가르쳐 문맹 문제를 해결한 것이죠. 글자를 깨우친 주민들은 휴대전화를 사용할 수 있게 되고, 스스로 은행 업무도 할 수 있게 되었죠. 그 덕에 손실과 이익을 계산할 수 있게 되어 가계 관리를 더 잘하게 된 것뿐 아니라 자신감도 훨씬 높아졌다고 합니다. 이러한 변화들은 궁극적으로 기아에서 벗어날 수 있는 지속 가능한 토대를 만들어 주었습니다.

우리나라는 세계 최초로 식량 수여국에서 공여국으로 전환한 나라입니다. 1963년 국제연합 세계식량계획UNWFP, United Nations World Food Programme으로부터 식량 원조를 받았지만 2018년부터는 아프리카, 중동 등의 쌀 부족 국가에 쌀을 지원하기 시작했죠. 식량 위기를 극복한 우리나라의 사례는 매우 이례적이면서 모범적이라고 할 수 있습니다. 1977년, 쌀 자급이 가능해진 이후 우리나라는 경제뿐 아니라 정치, 교육, 시민의식 등 전 분야에 걸쳐 다양하게 성장해 왔습니다. 한 국가의 시민을 넘어 세계시민의 눈으로 지구의 문제를 바라볼 수 있게 된 지금, 미래 문제 해결을 위한 열쇠는 우리가 걸어온 과거 속에서 발견할 수 있을지도 모릅니다.

석유가 고갈되면
무엇이 세상을 움직일까?

2040년 5월 5일   다른일보 이미래 기자

에너지 위기를 맞은 서울,
관광객 0명에 도전하다

서울은 내년도 관광객 목표를 0명으로 잡았다. 이는 관광객 0명을 5년째 유지하고 있는 네덜란드의 암스테르담을 벤치마킹한 정책이다. 2019년 도시 회복을 이유로 관광객 수 줄이기를 선포한 암스테르담은 20년이 지난 지금 관광객을 한 명도 받지 않는 클린 시티로 전환되었다.

10년 전만 해도 우리나라의 에너지 정책은 지금과는 정반대였다. 미국의 셰일에너지 개발로 더욱 싼 가격에 에너지를 수입할 수 있게 된 우라나라는 화석에너지 사용량을 줄이지 않았다. 오히려 세계에서 가장 풍족한 도시라는 점을 내세워 관광객을 끌어모으기 시작했다. 2030년, 서울은 해외 관광객 2500만 명이 찾는 세계 1위의 관광도시가 되었다.

그러나 2032년 발생한 3차 유류파동은 우리나라를 혼란

에 빠뜨렸다. 수질 오염으로 미국의 셰일에너지 개발이 중단되고, 중동 국가의 내전이 시작되면서 에너지 수급이 중단되었다. 하루아침에 서울은 캄캄해졌고, 영하 34도를 기록한 1월의 한파는 무수한 사상자를 냈다. 도미니카공화국과 하와이에서 온 관광객 두 명이 저체온증으로 사망하면서 관광도시의 위상은 바닥으로 추락했다.

이후 개인 승용차 사용이 금지되었고, 냉난방은 중앙 통제 시스템으로 바뀌었으며, 도시의 불빛도 8시면 모두 꺼졌다. 불만이 제기되었지만 생존을 위해 단합했다. 관광객이 오지 않으면서 불필요한 에너지 소모도 없어졌고, 생존을 위한 에너지만이 공급되기 시작했다. 7년이 지난 현재 서울은 에너지 자립을 넘어 에너지 수출 도시로 전환을 꿈꾸고 있다.

고래 기름에서
석유의 시대로

미국의 작가 허먼 멜빌Herman Melville은 1851년 고래잡이에 관한 소설 《모비딕Moby-Dick》을 발표합니다. 1820년 향유고래에 받쳐 침몰한 에 식스호 사건에서 영감을 받아 쓴 소설이죠. 고래를 잡기 위한 치열 한 항해의 과정을 담은 작품입니다. 《모비딕》이 발표된 1800년대 중 반까지만 해도 많은 사람이 목숨을 걸고 고래 사냥에 나서곤 했습 니다. 그 이유는 고래에서 얻을 수 있는 무수한 자원, 특히 고래 기 름 때문이었습니다.

석유가 없던 시대에 고래 기름은 인류에게 가장 중요한 에너지원 이었습니다. 집 안을 밝혀 준 등불, 양초, 등대의 빛, 거리의 가로등 에도 고래 기름이 사용되었죠. 19세기까지 고래 기름은 말 그대로 어둠 속에 있던 인류에게 빛을 선사해 주었습니다.

증기선과 무기가 발달하면서 고래 사냥捕鯨은 더욱 편해졌습니다. 배 위에서 해체, 저장, 가공까지 한 번에 할 수 있는 시스템이 정착 하면서 고래 기름 채취는 더 쉬워졌고, 고래 개체 수는 급감하기 시 작했습니다. 무분별한 포경업에 대한 우려 속에서 포경업 주도국들 은 규제 협약을 맺게 됩니다. 결국 1986년에는 상업 포경이 전면 금 지되었죠.

포경 금지 조약은 멸종위기 동물에 대한 국제 협력의 성공 사례

석유가 없던 시절에 고래 기름은 매우 중요한 에너지원이었습니다. 하지만 19세기 중반 석유가 발견되자 사람들은 더는 고래 기름에 매력을 느끼지 못했습니다.

처럼 보입니다. 하지만 이러한 협약이 가능하게 된 데는 고래 멸종 우려를 뛰어넘는 근본적인 변화가 있었습니다. 바로 고래 기름을 대체할 에너지원을 발견한 것입니다.

1859년 미국 펜실베이니아 타이터스빌에서 석유가 발견되자 사람들은 더는 고래 기름에 매력을 느끼지 못했습니다. 그도 그럴 것이 석유는 유정 하나에서 하루에 3,000배럴47만 6,700리터을 생산할 수 있는 반면, 고래잡이로는 3년에 걸쳐야 겨우 4,000배럴43만 5,600리터의 기름을 얻을 수 있었으니까요. 채취가 쉽고 다양하게 가공되는 에너지인 석유의 매력에 인류는 흠뻑 빠져 버렸죠.

······

석유 없이
살아갈 수 있을까?

석유의 발견은 우리의 삶을 얼마나 바꾸어 놓았을까요? 먼저 21세기를 살아가는 한국인 김보통 씨의 일상을 살펴보겠습니다.

김보통 씨는 주말 아침, 시원한 생수 한 잔으로 하루를 시작합니다. 그리고 운동복을 입고, 햇살을 받으며 조깅을 하죠. 집으로 돌아와서는 양치질과 샤워를 하고, 스마트폰으로 메시지를 확인합니다. 이날은 약간 두통이 있어 아스피린을 한 알 먹었어요. 아침으로 토마토 샐러드를 먹고 친구를 만나기 위해 자전거를 타고 나갑니다.

교통수단과 옷, 위생용품, 심지어 음식까지, 우리의 일상은 온통 석유에 둘러싸여 있습니다.

김보통 씨는 아침 동안 석유를 얼마나 사용했을까요?

'돌 석石' 자에 '기름 유油' 자를 쓰는 석유는 액체라는 느낌이 강해요. 흔히 말하는 휘발유의 모습이죠. 하지만 주유소에서 판매하는 휘발유는 원유의 무수한 쓰임새 중 하나일 뿐입니다.

다시 김보통 씨의 일상을 살펴볼까요? 김보통 씨가 마신 물이 담긴 생수통, 조깅할 때 입은 운동복, 양치질에 사용한 치약, 샤워할 때 사용한 샴푸와 비누, 매일 사용하는 스마트폰, 두통으로 먹은 아스피린, 토마토와 채소를 키운 비료, 즐겨 타는 자전거의 타이어 원료까지 모두 석유로 만들어집니다. 자동차보다는 자전거를 주로 타는 김보통 씨는 자신이 석유를 별로 사용하지 않는다고 생각하지만, 아침에 일어나서 하루를 마치는 순간까지 석유 없이 살아갈 수 없었습니다.

1859년 처음 발견된 석유는 인류의 삶을 완전히 바꾸어 놓았습니다. 교통수단을 움직이고, 전기를 생산하는 것은 물론, 플라스틱이나 폴리에스테르처럼 우리가 흔히 사용하는 화학 제품에도 석유가 사용됩니다. 현대 문명을 떠나서 살지 않는 한, 석유 사용을 멈출 수

원유

아무런 가공을 거치지 않은 천연 그대로의 석유입니다. 원유를 가열하면 끓는점이 낮은 것부터 높은 것 순으로 증발하여 기화되고, 끓는점 차이에 따라 여러 석유 제품이 생산됩니다. 원유 가공 후 생산되는 물질에는 휘발유, 나프타, 제트유, 등유, 경유, 중유 등이 있습니다.

없게 된 거죠.

1970년대에 두 차례 있었던 유류파동은 석유를 수출하는 국가들이 담합해 원유의 가격을 인상하고 생산을 제한해 세계 각국을 경제적인 혼란에 빠트린 사건입니다. 석유의 발견은 경제 성장의 폭발적 동력이 되었지만, 석유가 모든 곳에서 발견된 것은 아니었습니다. 베네수엘라를 중심으로 한 남아메리카와 사우디아라비아를 중심으로 한 중동 지역에 다량의 원유가 매장되어 있습니다. 어느 순간 석유는 세계 정세를 좌우할 힘을 갖게 되었고, 1973년 석유를 수출하는 중동과 남미 국가들이 모여 결성한 석유수출국기구OPEC, Organization of the Petroleum Exporting Countries는 이러한 힘을 활용합니다. 제4차 중동전쟁이 원하는 방향으로 끝나지 않자 석유 수출을 제제하기 시작한 거죠. 석유가 필요했던 모든 나라는 충격에 빠집니다.

우리나라도 영향을 받게 되어 1975년 소비자 물가는 전년 대비 24.7퍼센트 상승합니다. 석유 조달이 어려워지자 정부는 에너지 절약 정책을 펼칩니다. 자동차 운행을 줄이기 위해 구급차, 취재차, 외국인 차를 제외한 고급 승용차는 운행을 금지하고, 승용차의 공휴일 운행도 전면 금지했습니다. 학교는 긴 겨울방학에 들어갔고, 관공서는 보일러 가동 시간을 하루 평균 여섯 시간으로 단축합니다. 사람들은 오후 4시가 지나면 추위와 어둠 때문에 퇴근 시간만 기다려야 했죠.

이로써 전 세계 사람은 석유가 세계의 판도를 뒤흔드는 무기가 될 수 있음을 깨달았습니다. 1차 유류파동 때 큰 혼란을 겪은 나라들은 소련과 힘을 합쳐 석유수출국기구에 대항합니다. 석유수출국기구는 이에 대한 대응으로 1978년 원유가를 총 14.5퍼센트 올리죠. 또한 이란이 국내 정치 및 경제적 혼란을 이유로 대외 석유금수조치를 단행하자 2차 유류파동이 시작됩니다.

1차 유류파동에서 고통을 겪은 우리나라는 2차 때도 같은 길을 걷게 됩니다. 에너지원의 대외 의존도가 높은데도 대비는 여전히 부족했습니다. 1979년 경제성장률이 6.5퍼센트로 하락한 데 이어 1980년에는 마이너스 5.2퍼센트 성장을 기록했고, 물가상승률은 30퍼센트 가까이 되었습니다. 두 번의 고통을 겪은 후에야 우리나라는 석유 없는 삶을 대비하기 시작합니다. 장기적인 관점의 에너지 정책이 필요함을 깨달은 거죠.

· · · · · ·

세계의
미래 에너지 전략

2020년인 현재 많은 나라가 휘발유나 경유로 움직이는 화석에너지 차량 판매를 전면 금지하겠다고 공식 선언했습니다. 10년 안에 석유 중심의 에너지 판도를 새로운 에너지로 바꾸어 놓겠다는 뜻이죠. 5년 후인 2025년부터 금지하겠다고 선언한 노르웨이를 시작으로 덴

마크·아이슬란드·아일랜드·이스라엘·네덜란드·스코틀랜드는 2030년부터, 프랑스·영국·스리랑카는 2040년부터, 코스타리카는 2050년부터 금지하겠다는 계획을 발표했습니다. 중국은 국가 전체의 시행 연도는 명시하지 않았지만 하이난에서는 2030년부터 금지하겠다고 선언했습니다. 이외 독일, 홍콩, 대만 등의 나라들이 위의 국가들처럼 단계적으로 화석에너지 사용을 줄여 나가겠다고 동참하고 있습니다.

유류파동 후 50여 년이 지난 지금, 전 세계는 탈석유를 목표로 다양한 시도를 하고 있습니다.

탈석유 움직임은 탄소 배출량을 줄여 환경을 보호하려는 노력이기도 하지만, 유류파동 같은 국가적 위기에 대비하기 위한 노력입니다. 탈석유를 위한 나라들은 다양한 방식으로 대안을 마련하고 있습니다.

독일 정부는 신재생에너지의 분담률을 2015년 14.9퍼센트에서 2050년 60퍼센트까지 올리려는 노력을 하고 있습니다. 또한 2050년 온실가스 배출량을 1990년 대비 80~95퍼센트까지 감축하겠다는 목표를 밝히기도 했죠. 독일의 대표적 친환경 도시는 인구 23만 명의 프라이부르크입니다. 이 도시의 주요 교통수단은 트램도로 위에 깔린 레일 위를 주행하는 전차과 자전거죠. 1970년대 유류파동 때 프라이부르크는 독일에서 가장 먼저 자가용을 억제했습니다.

도시를 이어 주는 푸른색 비빌리 다리는 1970년대까지는 차량이

독일의 친환경 도시 프라이부르크는 1990년대 이후 일부 구간에 차량 통행을 금지해 자전거와 보행자의 느긋한 통행로가 되었습니다.

자유롭게 이동했지만 1990년대 이후로는 차량 통행을 금지해 자전거와 보행자의 느긋한 통행로가 되었습니다. 2018년에 문을 연 프라이부르크 시청은 건물 외벽에 880개의 태양광 모듈을 부착해 건물에 필요한 모든 에너지를 스스로 충당하고 있습니다. 천연 건축 자재와 친환경 에너지 시스템을 갖춘 '그린 빌딩'이라고 할 수 있죠.

한편 미국은 유럽 국가들과는 다른 전략으로 에너지 문제에 대비하고 있습니다. 유류파동 이후 정유 업체가 줄줄이 도산하는 위기를 겪은 미국은 석유수출국기구와의 갈등을 반드시 해결해야 했습니다. 북아메리카의 유전을 개발하는 동시에 중동 국가와의 외교에도 힘을 쏟았죠. 석유의 원활한 수급은 미국 대통령이 반드시 해결해야 할 과업이었습니다. 그런데 최근 미국은 새로운 대안을 찾았습니다. 바로 셰일에너지의 발견입니다.

셰일은 입자 크기가 작은 모래나 진흙이 오랜 세월 단단하게 뭉쳐져 형성된 퇴적암입니다. 바로 이 셰일에 천연가스와 석유가 포함되어 있죠. 1800년대에 처음 발견되었지만 당시에는 채굴 기술이 부족했고, 경제성 또한 낮아 개발하지 않았습니다. 하지만 생산 기술의 발달로 경제성이 높아지면서 새로운 에너지원으로 주목받게 되었죠. 여기서 중요한 것은 셰일에너지의 매장량입니다. 과거 석유가 중동 지역을 중심으로 매장되어 석유수출국기구가 형성되었듯, 에너지의 매장 지역은 매우 중요합니다. 또한 채굴하는 기술도 갖추어야 합니다. 이를 고루 갖춘 국가가 바로 미국입니다.

2018년, 미국은 셰일에너지 개발에 힘입어 사우디아라비아를 제치고 산유국 1위 국가가 됩니다. 이러한 변화가 의미하는 것은 미국이 더는 중동 국가의 눈치를 보지 않아도 된다는 뜻이었죠. 실제로 중동 국가 간 갈등이 발생하고 정세가 불안정해진 상황에서도 3차 유류파동은 발생하지 않았습니다. 석유를 수입하는 전 세계 많은 나라에 대안이 생긴 것입니다. 한때 석유 고갈을 예측했던 목소리는 셰일에너지의 발견과 함께 다소 잦아든 분위기입니다.

화석에너지 사용은 여전히 많은 문제를 안고 있습니다. 개발 과정에서는 지하수를 오염시키고, 사용 과정에서는 천연가스보다 메탄과 이산화탄소를 더 발생시켜 지구온난화를 유발한다는 것이죠. 탈석유를 목표로 조금 불편하지만 더욱 청정한 미래를 기대한 국가들과 여전히 손쉽게 공급되는 석유를 활용해 새로운 성장의 동력으로 삼으려는 국가들의 경쟁은 앞으로도 계속될 것입니다.

이러한 상황에서 우리나라는 어떠한 에너지 정책을 시행하고 있을까요? 글로벌 에너지기업 BP가 발간한 〈2018 세계 에너지 통계 보고서〉에는 우리나라의 전기 생산 에너지 중 신재생에너지가 차지하는 비중은 2.8퍼센트로 OECD 국가 중 20위에 머물고 있습니다. 이는 OECD 평균인 12.2퍼센트를 크게 밑돌 뿐 아니라 비非 OECD 국가 평균인 5.5퍼센트보다 낮은 결과입니다. 반면 원전과 석탄 발전 비중은 각각 26.0퍼센트와 46.2퍼센트로, 합계가 72.2퍼센트로 집계되었습니다.

화석에너지는 환경을 오염하고 온실가스를 배출합니다. 태양열과 풍력 등을 이용한 친환경 청정에너지는 화석연료를 대체한다는 의미에서 신재생에너지, 대체에너지라고도 불립니다.

청정에너지로 전환하려는 목표를 세운 유럽 국가와 셰일에너지로 새로운 성장을 모색하는 미국은 다른 비전을 추구하지만 공통점도 있습니다. 바로 다양한 에너지를 고르게 발전시키고 있다는 점이죠. 여전히 석유가 주요 에너지이기는 하지만, 원자력, 석탄, 천연가스, 신재생에너지 등 다른 에너지들도 고르게 활용하면서 미래를 대비하고 있습니다.

안타깝게도 우리나라는 특정 에너지의 편중 현상이 심할 뿐 아니라 미세먼지와 환경오염의 주범이 되는 석탄에너지의 사용량도 다른 나라들보다 높은 편입니다. 두 차례의 유류파동 이후에도 우리나라의 에너지 수급 방식은 크게 변하지 않았습니다. 90퍼센트 이상의 에너지를 수입하고 있죠. 이는 만약 3차 유류파동이 일어난다면 엄청난 혼란을 겪을 수도 있다는 뜻이기도 합니다.

석유 없이 일상을 유지할 수 없던 김보통 씨의 삶처럼, 에너지는 우리 삶의 뿌리가 되었습니다. 자동차 진입을 금지하는 프라이부르크의 마을 보봉의 속도는 천천히 흘러갑니다. 반면 새로운 패권을 쥐게 된 미국은 국제 관계를 공격적으로 재편하고 있습니다. 우리

청정에너지

생산과 소비 단계에서 공해물질을 배출하지 않는 환경친화적인 에너지를 말합니다. 대표적으로 태양에너지, 풍력에너지, 지력에너지 등이 있죠. 화석연료를 대체한다는 의미에서 신재생에너지, 대체에너지라고도 불립니다.

나라의 미래는 어떠한 속도에 맞춰질까요? 우리의 삶은 어떠한 에너지에 좌우될까요? 미래의 에너지 전략은 미래의 생활방식을 엿볼 수 있는 가장 중요한 척도이기도 합니다.

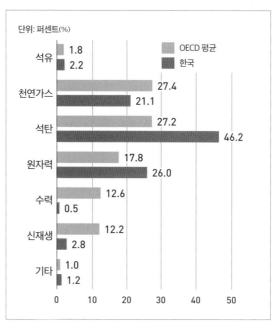

2017년 전기 생산 에너지별 비중
출처: 〈2018 세계 에너지 통계 보고서〉

지구의 온도를 내리고 사막화를 막을 수 있을까?

2060년 9월 17일　　　　　　　　　다른일보 이미래 기자

스스로 장기 기능 조절하는 슈퍼 아기 탄생

스스로 간과 심장의 크기를 조절하는 슈퍼 아기가 대한민국 최초로 태어났다. 지난달 대구에서 태어난 이 아기의 독특한 능력은 얼마 전 발생한 전력 위기와 함께 발견되었다. 대구 전 지역에 전력 부족 현상이 악화되면서 8월 20일 자정, 아기가 머물던 산후 조리원이 정전되었다. 에어컨이 멈추자 실내 온도는 순식간에 40도까지 치솟았다. 산모와 아기들은 서둘러 대피했고, 아기들은 열사병 증세를 보이기 시작했다. 그런데 유독 한 아기만은 체온 변화가 없었다. 검사 결과 아기는 스스로 체온을 조절하는 능력을 타고난 것으로 밝혀졌다.

2050년 지구의 평균 온도가 처음으로 2도 넘게 상승했을 때, 몽골은 100년 전과 비교해 3도 넘게 기온이 올랐다. 수도인 울란바토르조차 난민을 수용할 수 없게 되자 몽골 국민들은 주변국에 난민 신청을 시작했다. 세계 인구 15퍼센

트가 생태학적 난민이 된다는 40년 전의 예측이 맞아떨어지는 순간이었다. 그러던 어느 뜨거운 새벽 태어난 아기에게서 몽골의 환경 재앙에도 희망이 보이기 시작했다. 살인적인 열기에도 평온한 얼굴로 잠을 자던 아기 '에덴'은 세계 최초의 슈퍼 아기로 주목받았다. 에덴의 탄생 이후로 몽골에는 슈퍼 아기들이 꾸준히 태어났다.

그 후 10년, 우리나라에도 슈퍼 아기가 태어난 것이다. 연구자들에 따르면 슈퍼 아기들은 기온이 오르면 자기의 간과 심장의 크기를 줄일 수 있는데, 이는 호흡을 줄여 숨 쉴 때 빠져나가는 수분의 양을 최소화할 수 있도록 돕는다. 아라비아 반도의 사막에 사는 가는뿔가젤영양이 갖고 있는 특성을 그대로 타고난 것이다.

몽골에서 태어난 첫 번째 슈퍼 아기 에덴은 올해 열 살이 되었다. 누구의 도움도 없이 자생적으로 생존한 에덴은 희망의 상징이 되었다.

"제가 인류를 위해 무엇을 할 수 있을지는 아직 모르겠어요. 저는 그저 열심히, 건강하게 살아갈 생각이에요."

인터뷰를 마친 에덴은 크게 심호흡을 했다.

지구의 온도가
6도 오른다면

저널리스트이자 환경 운동가인 마크 라이너스Mark Lynas가 쓴 《6도의 멸종Six Degrees》은 지구의 온도가 섭씨 1도씩 올라갈 때마다 벌어질 재앙을 다루고 있습니다.

　1도가 올라가면 산과 들에서 재앙이 시작됩니다. 한쪽에서는 가뭄으로 모래바람에 휩싸이는 동안 다른 한쪽에서는 강수량이 늘어납니다. 높은 산의 만년빙이 사라지면서 산사태가 일어나고, 산지 마을과 평원의 동물들은 타격을 입습니다. 수많은 희귀 동물의 서식지가 사라져 생존을 위협받기 시작합니다.

　2도가 오르면 대가뭄과 대홍수가 동시에 발생합니다. 바다가 산성화되어 플랑크톤이 사라지고, 그 결과 무수한 어패류들도 멸종합니다. 열사병 사망률이 증가하고 해안가 도시들은 해수면 상승으로 물에 잠기기 시작합니다.

　3도가 오르면 지구온난화가 심해져 아마존 열대우림이 붕괴되기 시작합니다. 동남아시아의 정글 또한 수분이 증발하는 바람에 화재가 일어나 대량의 이산화탄소가 생기게 되죠. 그러면 세계 식량 생산에 차질이 생기면서 환경 난민들이 생존을 위해 이동을 시작합니다.

　4도가 오르면 남극 빙하는 완전히 붕괴되고, 해수면 상승으로 세

지구 기온이 섭씨 5도 오르면 북극과 남극의 빙하가 완전히 사라지고, 환경 재앙이 시작되어 세계가 혼란에 빠집니다.

계의 해안선은 모양이 달라집니다. 고지대의 나라들만 겨우 생존하죠. 전 세계는 폭염과 건조의 고통에 시달리기 시작합니다. 영국의 여름 기온은 섭씨 45도까지 상승하고, 얼어 있던 땅들이 녹아 내리면서 세균들이 유기물 분해를 시작합니다. 이는 극심한 환경오염을 초래하죠.

5도가 오르면 북극과 남극의 빙하가 완전히 사라지고, 정글도 불타 없어진 상태가 됩니다. 환경 재앙으로 경제 시스템 또한 망가져 각국은 혼란에 빠져들고 전쟁이 시작되죠. 전 세계는 사막으로 변해 가며, 바다 또한 대륙사면이 붕괴되어 지진해일이 일어납니다.

6도가 오르면 지구온난화에 적응하는 데 실패한 생명체들이 죽어가기 시작합니다. 이 안에는 인류도 포함됩니다. 죽은 생물들의 사체가 썩으면서 유독한 황화수소도 발생하는데, 이것이 메탄과 결합해 오존층을 파괴합니다. 산성비는 남은 생명체를 모조리 쓸어가 버리고, 결국 지구의 생명체는 대멸종하고 맙니다.

《6도의 멸종》은 지구의 온도가 올라가는 것만으로 인류가 멸종할 수 있음을 경고합니다. 고작 6도로 인해 생명체가 사라진다는 게 쉽게 이해되지 않을 수도 있습니다. 하지만 인간 역시 36.9도인 정상 체온에서 3도가량만 올라도 혼수상태에 빠지고, 뇌가 손상되며, 사망에 이릅니다. 정상 궤도에서 벗어난 지구의 온도 역시 재앙을 불러올지도 모릅니다.

생태학적
난민의 증가

세계기상기구WMO, World Meteorological Organization가 발표한 데이터에 따르면 1950년 이후 지구의 평균 온도는 섭씨 1.1도 올랐습니다. 《6도의 멸종》에 따르면 산과 들에서 재앙이 시작되는 시기죠. 더 큰 문제는 온도 상승 속도가 점점 빨라지고 있다는 것입니다. 2014년부터 2019년까지는 인류 역사상 가장 더운 5년이었다고 해요. 인류는 대가뭄과 대홍수의 재앙을 미리 준비해야 할지도 모릅니다. 그런데 이미 이 시기를 지난 지역이 있습니다. 2도를 넘어 3도 가까이 온도가 올랐으며, 마크 라이너스가 경고한 민족 대이동이 시작되고 있는 곳이죠. 바로 몽골입니다.

몽골 사막화방지연구소에 따르면 지난 70년간 몽골의 평균 기온은 2.45도 올랐습니다. 2도가 넘을 때 발생할 수 있는 대가뭄은 사막화의 모습으로 몽골을 점점 삼키고 있죠. 국제연합 사막화방지협약은 사막화를 "기후변화와 인간 활동 등 여러 가지 요인에 의해 조성된, 건조 및 반건조 지역에서 식물이 생육할 수 있는 흙의 능력이 감소하는 것"이라고 정의하고 있습니다. 현재 몽골 국토 전체의 76.9퍼센트에서 사막화, 토지 황폐화가 진행되고 있습니다. 2010년 몽골 정부의 조사 결과에 따르면 이전 10년 동안 몽골의 호수 1,166개, 강 887개, 우물 2,277개가 말라 버렸다고 합니다. 이러한

몽골의 사막화는 유목민의 삶을 치명적으로 위협하고 있습니다.

결과는 유목 생활을 하는 몽골인의 삶을 치명적으로 위협합니다.

급격한 사막화는 몽골의 자연재해 조드^{zud}와 함께 유목민을 고통으로 몰아넣고 있습니다. 몽골어로 '재앙'을 뜻하는 조드는 영하 40도를 밑도는 혹한이 계속되고 풀이 자라나지 않는 재해 현상입니다. 목초가 자라지 않아 영양을 충분히 섭취하지 못한 가축들이 겨울을 이기지 못하고 죽어 집단 폐사로 이어지죠. 2010년 찾아온 조드는 몽골 유목민의 가축 600만 마리를 앗아갔습니다. 12년 정도의 주기로 반복되던 조드는 최근 그 주기가 점점 짧아졌고, 유목민들은 그 때문에 생계를 포기하고 있습니다. 유목을 포기한 이들은 도시로 몰려들기 시작했고, 마땅한 주거 지역을 찾지 못해 외곽에 게르^{몽골 유목민의 이동식 집}를 짓고 살아갑니다. 제대로 된 난방과 수도 시설도 없이 겨울을 나는 유목민들은 이제 난민으로 전락하고 있죠.

사막화가 초래한 최악의 사건 중 하나는 다르푸르^{Darfur} 분쟁입니다. 표면적으로는 수단 정부의 차별을 견디지 못한 다르푸르 지역의 아프리카계 푸르족과 수단 정부를 등에 업은 아랍 민병대 잔자위드^{Janjaweed} 사이의 유혈 사태를 말하죠. 하지만 2003년 발생한 이 사건의 뒤에는 기후변화와 사막화가 자리 잡고 있습니다. 1967년부터 아프리카의 사하라사막이 남쪽의 사헬지역까지 100킬로미터 가까이 늘어나면서 초원이 사라지고 농토가 파괴되어 버립니다. 이 과정에서 많은 사람과 가축이 굶어 죽었죠. 이러한 식량 위기 상황에서 거주민과 유목민 사이에 갈등이 발생합니다. 땅이 비옥하고 초원이 있던 시절에는 평화롭게 지냈는데, 사막화와 가뭄이 이어지자 적대적인 관계로 변한 거죠. 이 사건으로 어린이를 포함한 20만 명이 죽고 200만 명 이상의 난민이 발생했습니다. 이들은 전쟁 난민으로 분류되지만 역사를 더듬어 보면 기후변화가 주요한 갈등 원인임을 알 수 있습니다.

자연재해 탓에 정식으로 난민 신청을 한 사례도 있습니다. 2013년, 태평양의 작은 섬나라 키리바시 출신인 한 남성이 뉴질랜드에 난민 자격을 신청합니다. 기후변화에서 비롯된 해수면 상승이 국가의 법과 질서를 와해해 생존을 위협한다는 것이었죠. 하지만 뉴질랜드 재판부는 집단이 아니라 개인의 위험만을 고려해 난민을 받을 수 없다며 거부했습니다. 비록 난민 신청은 거부당했지만, 환경 난민은 앞으로도 계속 늘어날 것이며 심각한 국제 문제가 되리라고 예측할 수 있습니다.

국제이주기구IOM, International Organization for Migration는 2009년 열린 제15차 국제연합 기후변화협약 총회에서 2050년에는 기후변화에 따른 자연재해로 최대 10억 명의 난민이 발생할 거라는 보고서를 발표합니다. 약 30년 후면 전 세계 인구의 15퍼센트에 달하는 사람들이 환경 난민이 된다는 것이죠.

국제연합 환경계획UNEP, United Nations Environment Program은 이러한 기

키리바시

키리바시와 투발루, 피지 등 남태평양의 섬나라들은 해수면 상승으로 바닷물에 잠길 위험에 처했습니다. 지금 같은 속도로 해수면이 상승하면 2050년에는 위 나라들이 바다에 잠길 것이라고 합니다.

후 난민, 환경 난민을 생태학적 난민Ecological Refugee이라고 표현합니다. 생태학적 난민은 가뭄과 사막화뿐 아니라 해수면 상승, 홍수, 태풍, 폭설, 한파, 대기오염 등 다양한 자연재해 탓에 발생합니다. 안타까운 것은 생태학적 난민이 발생하는 지역이 개발도상국에 집중되어 있다는 것입니다. 이들은 삶의 터전을 잃고 빈곤에 시달립니다. 그리고 이러한 환경 변화를 주도하는 것은 선진국입니다. 이른바 '기후변화 불평등'이 발생하는 것이죠.

네덜란드 바헤닝언대학교 및 프랑스와 영국 출신 과학자들은 국제학술지 〈사이언스 어드밴시스Science Advances〉 2018년 5월호에 낸 연구 결과에서 적도 지역 빈곤국들의 경우 선진국과 비교해 기후에 영향을 덜 미치지만 기후변화에 따른 피해는 더 많이 겪는다고 지적했습니다.

· · · · · ·

기후변화에 대한
미래 세대의 요청

기후변화와 사막화 등 미래에 닥쳐올 자연재해는 다양한 방법으로 대비할 수 있습니다. 첨단 과학기술을 활용해 대안을 마련하기도 하고, 국가 간 협약을 체결하기도 하죠. 포그캐처Fog Catcher는 사막 지대에서 수분을 얻을 수 있는 기술입니다. 폴리프로필렌으로 만든 망사를 이용해 해안이나 산에서 발생하는 안개로부터 물을 수집한 뒤 망 아래 설치된 물탱크에 물을 저장하는 장치죠.

남아프리카공화국 출신 분자세포공학 교수인 질 패런트Jill Farrant 는 물 없이 자라는 식물인 부활초resurrection plant를 연구하고 있습니다. 부활초는 물 한 방울로도 되살아나는 자생력을 갖고 있죠. 이외에도 유전자를 조작해 가뭄에 강한 식물을 만들거나 사막 환경에 적합한 새로운 품종을 개발하는 등 생물학 연구는 꾸준히 진행되고 있습니다.

사막화 방지를 위해 나무를 심는 사업도 연대를 통한 대안 중 하나입니다. 대표적인 예는 사하라 사막의 확장을 막기 위해 고안된 범아프리카 녹색 만리장성Great Green Wall 프로젝트입니다. 아프리카 서쪽 끝에서 동쪽 끝까지 폭 16킬로미터, 길이 약 8,000킬로미터에 달하는 거대하고 긴 숲을 조성해 황폐해진 사헬 지역을 복구하려는 계획이죠. 이를 위해 지구환경기금GEF, Global Environment Facility에서 약 1억 1,500만 달러를 지속적으로 지원하기로 했습니다. 우리나라 정부와 기업, 민간 단체도 2000년대 초반부터 중국이 추진하고 있는 녹색 만리장성 사업에 참여해 사막에 나무 심기 등의 사업을 진행하고 있습니다.

때로는 세계 각국이 모여 대책 마련을 위한 협의를 하기도 합니다. 대표적인 사례로는 파리협약을 들 수 있죠. 이는 1997년 채택한 교토의정서를 대체하는 것으로 2020년 이후 적용할 새로운 기후변화협약입니다. 교토의정서에서는 선진국만이 온실가스 감축 의무가 있었지만, 파리협약에서는 참여하고 있는 195개 당사국 모두 감축 목표를 지켜야 합니다. 195개 당사국이 배출하는 온실가스는 세계 온실가스의 90퍼센트 이상을 차지합니다. 하지만 2019년 11월 미국이 탈퇴를 통보하면서 신뢰 관계가 흔들리고 있습니다. 과학기술을 통한 기후변화 해결이 아직 시도 단계인 것처럼, 국제 협약 역시 완벽한 대안이 되지는 못하고 있습니다.

이렇게 자원과 인력, 기술을 투자해 문제를 해결하는 방법이 있는가 하면, 하던 것을 멈춤으로써 세상을 변화시키고자 하는 시도도 있습니다. 대표적인 사람으로는 2018년 8월부터 학교에 가기를 멈춘 스웨덴 소녀 그레타 툰베리Greta Thunberg를 들 수 있죠. 열다섯 살인 툰베리는 학교 대신 국회의사당 앞으로 갑니다. 그리고 자신이 만든 피켓을 들고 시위를 시작하죠. 그녀의 피켓에는 "기후를 위한 학교 파업school strike for climate"이라는 문구가 쓰여 있었습니다.

툰베리가 기후변화의 심각성을 깨달은 건 열한 살 무렵이었다고 합니다. 이렇게 심각한 문제가 있음에도 누구도 해결하려 노력하지 않는다는 사실 때문에 충격을 받습니다. 우울증과 아스퍼거 증후군을 앓으면서도 기후변화에 대한 관심을 놓지 않았고, 열다섯 살이 되던 해에 국회의사당 앞으로 나가 세상에 목소리를 내기 시작합니다.

툰베리의 행보는 전 세계 청소년의 삶을 바꾸어 놓았습니다. 그녀의 학교 파업을 롤모델로 삼은 청소년들은 '미래를 위한 금요일

2019년 11월 미국 콜로라도 주의 덴버에서 연설하는 환경운동가 그레타 툰베리.

Fridays for Future'이라는 시위를 통해 매주 금요일, 기후 재앙에 반대하는 등교 거부를 하고 있습니다. 2019년부터는 우리나라의 청소년들도 결석 시위를 진행하고 있는데 매회 500여 명의 청소년이 참여합니다. '미래를 위한 금요일' 운동은 2019년 국제앰네스티 양심대사상을 받았으며, 그레타 툰베리는 노벨평화상 후보에도 올랐죠.

우리나라는 사막화나 물 부족을 직접 체감하는 나라는 아닙니다. 그러나 기후변화와 사막화의 결과로 매년 피해가 심각한 나라 중 하나입니다. 봄철마다 날아오는 황사는 중국의 사막화가 가속화될수록 심해질 것이며, 미세먼지까지 더해져 국민의 건강을 위협하고 있습니다. 지구의 문제는 누구도 외면할 수 없습니다. 지구가 살아 있는 한 자연은 끊임없이 순환할 것이며, 그 속에서 각국은 긴밀하게 연결되어 서로 영향을 미칩니다.

2019년 9월, 그레타 툰베리는 뉴욕에서 열린 기후행동 정상회담에 연사로 참여합니다. 미간을 찌푸린 채 눈물을 글썽이며 행동을 촉구하는 그녀의 연설은 많은 사람에게 강렬한 인상을 남겼죠. 그녀는 미래 세대를 속이지 말라고 경고합니다. 몇몇 기술로는 결코 현재의 위기를 극복하지 못하며, 삶의 태도에 근본적인 변화가 필요하다고 말이죠. 하나뿐인 지구를 살아가는 인류는 어떠한 방향으로 나아가야 할까요? 어떠한 지구를 꿈꾸어야 할까요?

그레타 툰베리는 연설을 이렇게 마무리합니다. "전 세계는 깨어나고 있습니다. 좋든 싫든 변화는 시작되었습니다The world is waking up and change is coming whether you like it of not." 미래를 살아갈 세대는 변화가 필요하다고 목소리를 내고 있습니다. 미래 세대에게 미래는 막연한 시간이 아닌 삶과 직결된 현실입니다. 어쩌면 미래를 위해 가장 먼저 해야 할 일은 그 미래를 살아갈 미래 세대의 목소리를 듣는 것일지도 모릅니다.

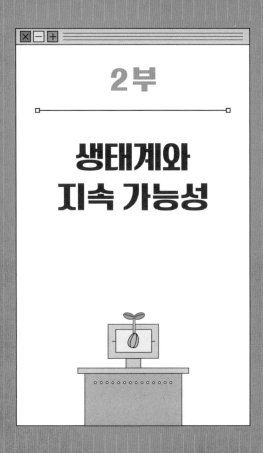

2부

생태계와
지속 가능성

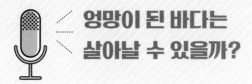

엉망이 된 바다는
살아날 수 있을까?

2039년 6월 8일 다른일보 이미래 기자

바다 플라스틱 쓰레기를
가장 많이 배출하는 국가는?

바다연합UO, United Oceans이 지난 3년간 추적해 온 바다 플라스틱 국가 지분이 공식적으로 공개되었다. 그동안 바다 플라스틱에 대한 다양한 연구 논문이 발표되어 왔지만 국가별 결과가 달라 매년 공신력을 두고 갈등을 빚어 왔다.

바다를 떠도는 플라스틱의 출처를 추적해 발표한 이번 연구는 바다연합을 비롯해 세계 60여 개 나라의 연구자가 참여해 진행했다는 점에서 의미가 크다. 우리나라에서도 두 명의 연구자가 파견되어 함께 연구를 진행해 왔다.

바다연합은 더욱 완벽한 결과를 도출하기 위해 플라스틱 생산 단계부터 국가별 식별 코드를 입력해 쓰레기의 이동 경로를 추적했다.

결과는 다소 충격적이다. 우리나라는 현재 바다를 떠도는 바다 플라스틱 지분 가운데 28.3퍼센트를 차지해

30.9퍼센트인 일본에 이어 2위에 이름을 올렸다. 3위는 중국이었는데, 한중일이 전체 바다 플라스틱 쓰레기의 80퍼센트를 유출하고 있다는 결과였다.

순위에 오른 국가들은 자신들의 지분에 따라 쓰레기 문제 해결을 위해 국제 플라스틱 세금을 내야 한다.

정부는 국민에게 추가 세금을 걷어야 함을 공식 발표했다. 20년 전부터 바다 플라스틱 쓰레기 문제를 제기했던 환경단체들은 너무 늦은 처사이며, 개인에게 세금으로 떠넘기는 무책임을 참을 수 없다고 주말 시위를 예고했다.

가깝고도 먼
바다

삼면이 바다로 둘러싸인 우리나라는 바다에 친숙한 나라입니다. 바다는 여름 여행지로 가장 사랑받는 공간이며, 각종 해산물은 한국인의 식단에서 큰 부분을 차지하죠. 2011년 해양수산부와 한국농촌경제연구원이 발표한 자료에 따르면 한국인의 1인당 수산물 소비량은 세계 1위라고 합니다. 2위는 포르투갈, 3위는 일본이었는데 한국인은 생선, 어패류, 해조류 등 다양한 해산물을 다른 나라들보다 자주 섭취하는 것으로 나타났죠.

때때로 바다는 위협이 되기도 합니다. 해상예보는 한국인이 매일 접하는 중요한 정보죠. 열대 바다에서 만들어지는 태풍은 바다에서 시작되는 자연재해로, 한반도는 태풍의 위협을 받는 주요 지역 중 하나입니다. 이처럼 바다는 우리에게 풍부한 영양을 제공해 주는 동시에 인간이 제어할 수 없는 압도적 힘을 보여 주기도 합니다.

사실 인간이 바다에 대해 알고 있는 것은 바다의 표면에 가깝습니다. 인류는 바다와 함께 역사를 만들어 왔지만, 심해의 영역으로 들어가면 알고 있는 것이 거의 없습니다. 심해는 1,000~6,000미터의 깊은 바다를 이르는데, 이처럼 햇빛이 닿지 않는 깊이 1,000미터 이상의 바다가 전체의 79퍼센트를 차지하죠. 세계에서 가장 깊은 바다는 마리아나 해구입니다. 평균 수심이 6,000미터가 넘는 마리아나

지구상 모든 생명의 고향인 바다는 우리에게 풍부한 영양과 자원을 제공해 줍니다. 인류는 바다와 함께 역사를 만들어 왔지만 아직 바다에 대해 아는 것은 많지 않습니다.

해구에서 가장 깊은 지점은 1만 1,000미터에 이릅니다. 세계에서 가장 높은 에베레스트산8,848미터과 비교하면, 산의 높이보다 바다의 깊이가 인류에게 더 멀다고 할 수 있어요.

산소통을 메고 물속에 들어가는 것을 스쿠버다이빙이라고 합니다. 특별한 훈련을 받지 않은 일반인이 들어가는 레져 다이빙의 최대 수심을 40미터로 제한한 것을 감안하면 심해 공간은 더 까마득하게 느껴집니다. 스쿠버다이빙 세계 기록 보유자인 이집트의 아흐마드 가브르Ahmed Gabr는 2014년 332.35미터까지 잠수했습니다. 92개의 혼합 기체 탱크를 이용해 12분 동안 내려갔는데 올라올 때는 13시간 50분이나 걸렸다고 해요. 기압 차이 때문이죠. 수심이 깊어지면 수압이 올라가게 되는데, 이때 인간의 폐는 압축됩니다. 이렇게 압축된 장기는 다시 기압이 변화해 팽창하면 손상되죠. 바다와 육지의 수압 차이는 인간이 바다에 쉽게 접근하기 힘든 이유 중 하나입니다.

인류는 지구로부터 38만 4,400킬로미터 떨어진 달에 착륙해 발자국을 남겼지만, 그와 비교할 수 없이 가까운 바다에는 오랜 시간 접근하지 못했습니다. 그런데 이러한 한계를 깨기 시작한 사람이 등장했습니다. 월스트리트의 투자가인 억만장자 빅터 베스코보Victor Vescovo는 바다의 다섯 군데 극심점을 돌며 탐험하는 파이브 딥스 엑스퍼디션Five Deeps Expedition 프로젝트를 시행해 세계 기록을 달성했습니다. 1만 4,000미터의 수압을 견딜 수 있는 잠수정인 리미팅 팩터

Limiting Factor를 타고 최대 1만 927미터의 심해를 탐사했죠. 그가 심해에서 발견한 것은 무엇이었을까요? 설렘을 안고 심해 바닥에 도달한 그는 자신이 발견한 것에 매우 실망하고 맙니다. 빅터는 인류가 그동안 만나 보지 못한 경이로운 생명체나 새로운 가능성을 기대했을지도 몰라요. 그러나 그가 불빛을 비춰 발견한 것은 쓰레기였습니다. 비닐봉지와 사탕 포장지. 그는 지구에서 가장 깊은 바다에까지 침범한 인간의 씁쓸한 흔적을 보고 맙니다.

· · · · · ·

바다에 물고기보다
플라스틱이 많아진다면

심해 탐험을 시작하기도 전, 인류는 쓰레기의 흔적을 목격했습니다. 많은 사람이 실망했고 충격도 받았지만, 어쩌면 이러한 상황은 일찍부터 예견되어 있었을지도 몰라요. 태평양 거대 쓰레기 해역the Great Pacific Garbage Patch은 1997년 찰스 무어Charles Moore가 발견했습니다. 선장이자 환경운동가인 찰스 무어는 플라스틱 쓰레기에 대응하기 위해 설립한 비영리 기구인 알가리타 마린 리서치AMR, Algalita Marine Research의 창립자이기도 하죠.

찰스 무어는 수년 동안 100만 킬로미터가 넘는 남태평양 해역을 누비며 플라스틱 쓰레기를 추적해 왔습니다. 그가 조사한 바에 따르면, 남태평양 해역을 떠도는 플라스틱 쓰레기는 250만 제곱킬로미터에 달한다고 합니다. 이는 남한 면적의 열다섯 배에 해당하는 크기입니다. 거대한 크기로 바다 위를 떠돌아다니기 때문에 플라스틱섬이라는 표현을 쓰기도 하지만, 더 정확하게 말하면 잘게 부서진플라스틱 조각들이 모여 물 위를 떠다니는 형태죠. 이를 두고 바다가 플라스틱 수프로 변해가고 있다는 표현을 쓰기도 합니다.

이렇듯 심각한 바다 오염 문제를 예술적으로 표현한 사진작가도있습니다. 맨디 바커Mandy Barker는 플라스틱 오염의 심각성을 알리기위해서 〈수프SOUP〉 시리즈를 기획했습니다. 과학자들과 협력해 거의 모든 대륙의 바다와 해변에서 플라스틱 쓰레기를 수집했어요. 그녀의 작품에 등장하는 소재는 일회용 라이터, 축구공, 낚싯줄과 그물, 풍선 등 일상에서 흔히 사용하는 물건들입니다. 뜻을 모르고 보면 아름답게 느껴지던 작품들이, 바다 쓰레기를 소재로 완성되었다는 것을 알게 되는 순간 섬뜩한 경고의 의미로 다가옵니다.

2015년 과학 저널 〈사이언스Science〉에 의하면 2010년 기준 전 세계 192개 나라의 해안에서 발견된 플라스틱 쓰레기는 최소 480만톤에서 최대 1,270만 톤에 달합니다. 2050년에는 바다에 물고기보다 플라스틱이 더 많아진다는 전망도 나왔습니다. 양이 점점 늘고있는 것도 문제지만, 플라스틱 쓰레기가 바다의 생태계를 파괴하면서 연쇄적인 악영향을 미친다는 게 더 큰 문제입니다. 물고기와 물새를 비롯해 바다를 터전으로 살아가는 많은 생물이 플라스틱 쓰레

세계 192개 나라의 해안에서 발견된 플라스틱 쓰레기는 최소 480만 톤에서 최대 1,270만 톤에 달합니다.

기를 먹이로 착각해 삼키는 일이 늘어나고 있는 것이죠.

사진작가 크리스 조던Chris Jordan은 플라스틱 폐기물을 먹고 죽은 새 알바트로스의 사체를 시리즈로 촬영하기도 했습니다. 새의 사체는 썩어 사라지고 있었지만, 뱃속에 가득 들어 있던 플라스틱 쓰레기는 고스란히 남아 있었죠. 지난 60여 년 사이 전 세계 바다 새의 수는 3분의 2로 줄어들었습니다. 바다에 버려진 플라스틱은 바다 새가 줄어든 주요 원인 중 하나죠. 플라스틱은 바다에 떠다니는 동안 잘게 부서져 **미세 플라스틱**이 되고, 이러한 미세 플라스틱은 독성을 머금은 채 물고기의 먹이가 됩니다. 여기서 그치는 게 아니라 이러한 물고기는 다시 우리 식탁으로 올라와 인간의 몸속에 쌓이죠. 자연의 일부로 먹이사슬에 포함된 인간 역시 바다 오염에서 결코 자유로울 수 없습니다.

> **미세 플라스틱** ✕ ⊖ ⊕
>
> 크기 5밀리미터 이하의 작은 플라스틱 폐기물로, 눈에 보이는 플라스틱 쓰레기보다 훨씬 위험합니다. 플라스틱 제품이 부서진 것도 있지만, 각종 원료나 합성섬유가 분리되는 경우가 많습니다. 미세 플라스틱이 체내에 흡수되면 독성을 일으킬 수 있습니다.

삼면이 바다인 우리나라도 심각한 상황입니다. 해양환경공단이 2014년 실시한 연구에 따르면 매년 17만 6,807톤의 쓰레기가 우리 바다로 들어옵니다. 해양환경단체 오션Ocean이 2016년 여섯 차례에 걸쳐 전국을 모니터링한 결과 쓰레기의 55.5퍼센트는 플라스틱이었고, 스티로폼이 14.7퍼센트로 뒤를 이었죠.

바다를
복원할 수 있을까?

네덜란드의 보얀 슬랫Boyan Slat이 운영하는 비영리 기업 디오션클린업The ocean cleanup은 바다 쓰레기 문제를 해결하고자 하는 다양한 시도를 하고 있습니다. 보얀 슬랫은 어린 시절 자신이 직접 목격한 바다 쓰레기를 보고 충격을 받은 후, 고등학교 프로젝트 수업에서 초창기 아이디어를 도출했어요. 이후 만 스무 살 때 환경 기업 디오션클린업을 설립했죠. 그는 다니던 학교도 그만두고 기업을 성장시키는 데 매진합니다.

그의 아이디어는 600미터 길이의 U자형 튜브가 바다 위를 돌아다니며 쓰레기를 수거하도록 하는 것입니다. 튜브 아래로 3미터 길이의 가림막이 달려 있어 U자형 튜브 안으로 쓰레기를 모을 수 있다는 것이죠. 이 아이디어를 실현하기 위해 160개 나라 3만 8,000명의 기부자들과 유럽 및 실리콘밸리의 기업가들이 기부금을 냈고, 그렇게 만들어진 '플라스틱 캐처'는 태평양 바다 쓰레기 수거를 위해 바다에 띄워졌습니다. 보얀 슬랫은 이 방법을 통해 혁신을 이뤄낼 것이라고 했죠.

하지만 안타깝게도 이 실험은 실패로 돌아갑니다. 2019년 초, 튜브와 가림막이 분리되고 시스템이 원활히 작동하지 않아 기대에 못 미치는 결과를 냈습니다. 하지만 디오션클린업은 포기하지 않고 재

1994년에 태어난 청년 보얀 슬랫의 담대한 아이디어는 바다와 환경을 생각하는 미래 세대의 꿈을 담고 있습니다.

정비합니다. 기존 실험에서 부족한 부분을 보완해 2020년 말에 두 번째 시스템을 작동할 것이라고 말이죠. 또한 2019년 12월 생방송으로 쓰레기 수거 운반선과 쓰레기 수거 과정을 공개하기도 했습니다. 캐나다 밴쿠버의 바다 쓰레기 수거 모습이었는데, 이렇게 모은 플라스틱들은 재활용해 지속 가능한 제품으로 제작된다고 합니다.

보얀 슬랫은 90퍼센트의 쓰레기가 세계 10대 강에서 흘러든다는 사실에 착안해 강의 쓰레기를 수거하는 실험을 시작했습니다. 인도네시아와 말레이시아, 베트남 등 아시아에 적용되어 호응을 이끌어 낸 이 운반선은 5년 안에 1,000개의 강을 청소하는 것을 목표로 삼고 있습니다.

두 명의 호주 서퍼가 발명한 시빈Seabin은 바다 위를 떠다니며 쓰레기를 빨아들입니다. 이들 역시 보얀 슬랫과 마찬가지로 서핑을 하며 느낀 개인적 체험이 새로운 아이디어의 시작점이 되었죠. 바다를 사랑하는 만큼 바다를 정화해야 할 책임감도 느꼈기 때문입니다. 시빈은 바다의 쓰레기통이라는 별명처럼 간단한 장치지만 매일 빨아들이는 바다 쓰레기의 양은 3.6톤에 이릅니다. 현재 52개 나라의 선착장에 800여 개가 설치되어 있죠.

버려진 쓰레기를 수거하는 대신 재활용을 통해 문제를 해결하려는 시도도 있습니다. 영국의 회사 리사이클링 테크놀로지Recycling Technologies는 플라스틱을 녹여 다양한 용도로 활용하는 방법을 고안해 냈습니다. 현재 이 기업은 식품 기업 네슬레Nestle, 반려동물 전문 기업 마스Mars, 프랑스의 친환경 연구 업체 등과 협업해 재활용 산업을 확장하기 위해 힘을 합쳤습니다. 2017년 〈사이언스 어드밴시스Science Advances〉에 실린 연구에 따르면 2015년 기준 플라스틱 70억 톤 중 9퍼센트만 재활용되었고, 12퍼센트는 태워졌으며, 나머지 79퍼센트는 매립지나 자연에 그대로 버려진 것으로 나타났죠. 이처럼 재활용은 미래의 중요한 화두입니다.

바다 오염을 막기 위해 조금 새롭게 접근한 회사도 있습니다. 세탁 방법을 바꾸어 바다 오염을 막는 것이죠. 슬로베니아에 거점을 둔 스타트업 기업인 플래닛케어planet care는 세탁을 할 때 바다로 흘러 들어가는 합성 초미세 입자를 걸러내는 기술을 개발했습니다. 네덜란드의 플라스틱수프재단Plastic Soup Foundation에 따르면 세탁물 5킬로그램을 빨래할 때마다 60만에서 1,700만 개의 의류 섬유가 배출됩니다. 이렇게 합성섬유에서 떨어져 나간 초미세 플라스틱을 해양생물이 먹게 되죠.

생분해성 수지

옥수수 등의 탄수화물이나 유기화합물을 이용해서 만든 수지로, 이산화탄소나 물로 분해될 수 있습니다. 석유를 원료로 만들어져 자연계에서 잘 분해되지 않는 플라스틱보다 환경오염을 덜 일으킵니다.

이외에도 옥수수, 사탕수수, 대나무와 같은 원료로 만든 바이오 플라스틱을 비롯한 생분해성 수지로 만든 플라스틱이 개발되고 있습니다. 카슨 메러디스Carson Meredith 미국 조지아공과대학교 교수팀은 게나 새우 껍질 등에서 추출한 키틴 성분과 식물 섬유질에서 추출한 셀룰로오스를 활용해 생분해성 플라스틱 필름BPF,

플라스틱은 해양 생물을 죽게 해 생태계를 파괴하는 원인이 됩니다.

Biodegradable Plastic Film을 개발했습니다.

우리나라에도 해양 환경단체 오션이 해양 쓰레기 문제 해결을 위해 힘쓰고 있습니다. 오션은 시민들을 참여시켜 쓰레기 모니터링을 하는 등 해양 보호 활동을 하는 동시에 매년 연구 논문을 발표하는 민간 연구소이기도 합니다. 이 단체는 동아시아 바다 공동체의 역할을 하겠다는 비전을 갖고 있죠.

이렇게 바다 쓰레기 문제를 해결하려는 다양한 시도가 있는 반면, 이미 늦었다는 비관적인 견해도 있습니다. 해결책을 개발하는 속도가 오염의 가속화를 멈추기 힘들다는 것이죠.

바다가 있는 나라들을 모두 자기만의 영해가 있습니다. 영해는 그 나라의 통치권이 미치는 바다로, 수산 자원 및 해저 지하자원 확보 권리와 직결되죠. 따라서 한 바다에 면해 있는 나라들 간에는 영해 및 바다 자원을 둘러싼 갈등이 끊이지 않습니다. 우리나라 역시 주변국인 중국, 일본과 바다 영토를 두고 갈등을 겪기도 하죠.

이렇듯 경제적 이익을 두고 바다의 권리를 강력히 주장하는 국가들이 바다 오염 문제에는 정반대의 태도를 보입니다. 영해에서 멀어진 바다 쓰레기에까지 관심을 두지 않죠. 북태평양 한가운데서 한글이 적혀 있는 플라스틱 쓰레기가 발견되었지만 누구도 그것을 처리하라고 우리나라에 요청하지 않고, 우리 정부도 책임지지 않습니다. 이미 국적을 알 수 없는 무수한 쓰레기가 바닷속에 분별할 수 없이 섞여 버렸기 때문입니다.

2019년 12월, 지구 상공 400킬로미터에 있는 국제우주정거장^{ISS,} International Space Station에서 체류 중인 우주인과 바다 밑 3,200미터에서 일하는 생물학자가 15분 동안 대화를 나누는 행사를 진행했습니다. 두 사람의 물리적 거리는 지구상의 누구와도 비교할 수 없이 멀었지만 이들은 미지의 영역을 탐구한다는 점에서 공통점이 있었고, 서로의 상황에 공감했죠. 바다를 우주처럼 인류가 이해하지 못한 꿈의 공간으로 접근할 때, 우주를 바다처럼 인류의 실수를 되풀이하면 안 되는 소중한 공간으로 이해할 때, 인류는 현재의 무게를 이겨내고 창의적인 미래를 만들어 갈 수 있을 것입니다.

지구의 다양한 생물은 앞으로 얼마나 더 줄어들까?

2048년 5월 22일   다른일보 이미래 기자

씨앗 방주 파괴, 7개의 종자만 살아남다

세계 최대의 씨앗 방주가 파괴되었다. 2008년 건립 이후 40년 만의 일이다. 노르웨이 정부는 복구에 최선을 다했지만 불길을 잡기에는 역부족이었다고 발표했다. 이로써 지하 보관소에 저장되어 있던 씨앗 30만 개가 모두 사라졌고, 오직 7개의 종자만이 불길을 피했다.

세계에서 가장 안전한 곳으로 손꼽히던 노르웨이 씨앗 저장소가 파괴된 것은 이미 예견된 일이었다. 최근 발생한 변종 바이러스의 치료 성분이 브라질 아마존의 난초에 있다는 것을 알게 된 이후, 전 세계는 이를 둘러싼 자원 경쟁에 돌입했다. 영국과 일본의 경쟁이 유난히 치열했다. 브라질 정부로부터 승인을 얻어낸 건 영국 기업이었다. 하지만 일본을 비롯한 여러 나라는 이 신비로운 난초를 포기하지 않았다.

노르웨이 씨앗 저장소의 정보가 유출되면서, 난초 종자

를 전 세계에 공유해야 한다는 목소리가 커지기 시작했다. 브라질과 공식적으로 협약을 맺은 영국은 강하게 반발했다. 영국과 브라질, 일본과 미국이 대립하면서 제1차 식물 전쟁이 시작되었다.

전쟁 이후 노르웨이 씨앗 보관소는 끊임없는 위기에 처했다. 최첨단 시설로 공격을 방어하며 2년 동안 가까스로 버텨 냈다. 하지만 어젯밤 국적을 알 수 없는 드론 폭탄의 공격으로 에너지 장치가 폭발했다. 불길은 빠르게 번져 갔다. 이로써 미래 세대를 위한 40년의 노력은 물거품이 되었다.

살아남은 7개의 종자는 안전한 곳으로 옮겨질 전망이다. 그동안 국제연합의 생물 다양성 부서가 지원해 운영되던 비밀 보관소로 갈 가능성이 높다. 남은 종자 안에 아마존 난초가 포함되어 있는지는 기밀에 부쳐졌다.

조용한 쓰나미,
생물 다양성 감소

"생물 다양성은 생명. 생물 다양성은 우리의 삶 Biodiversity is life. Biodiversity is our life." 2010년 생물 다양성의 해를 기념하며 국제연합에서 전한 메시지입니다. 생물 다양성이 인류에게 얼마나 중요한 문제인지 인식시키는 내용이었죠. 생물 다양성이란 지구에 살고 있는 생물종의 다양성, 생물이 서식하는 생태계의 다양성, 생물이 지닌 유전자의 다양성을 총체적으로 지칭하는 말입니다. 인류도 지구의 동물종 중하나이며, 생물 다양성의 연결고리에 속해 있습니다. 생물 다양성이 중요한 이유는 동물, 식물, 미생물을 포함한 다양한 생명체가 서로 연결되어 있기 때문입니다.

꿀벌이 멸종하면 인류 또한 4년 안에 멸종할 수 있다는 알베르트 아인슈타인 Albert Einstein의 유명한 말 또한 생물 다양성의 중요성을 보여 주는 사례입니다. 인간과 꿀벌은 공통점보다 차이점이 많아 보이는데 어떠한 상관관계가 서로의 생존에 영향을 미치는 걸까요? 꿀벌이 하는 주요한 역할 중 하나는 꽃가루를 옮겨 식물을 수정하는 것입니다. 식량농업기구는 꿀벌이 멸종될 시 세계 작물의 4분의 3이 생존하기 어려울 것이라고 발표하기도 했습니다. 꿀벌이 사라지면 식물 번식에 문제가 생기고, 이는 식량 부족으로 이어지죠. 식량이 부족해지면 인간도 생존하기 힘들어지는 것입니다. 인류는 때

100대 농작물의 약 70퍼센트는 꿀벌의 힘을 빌어 생산됩니다. 생명은 그물처럼 촘촘히 이어져 있습니다.

때로 지구의 주인인 것처럼 살아가지만, 생물 간의 유기적 관계에서 결코 자유롭지 못합니다.

2019년 열린 '생물 다양성 및 생태계 서비스에 관한 정부간 과학정책플랫폼IPBES, Intergovernmental Science-Policy Platform on Biodiversity and Ecosystem Services'에서 발표한 보고서에 의하면 약 100만 종의 동식물이 수십 년 안에 멸종할 위기에 처해 있다고 합니다. 양서류의 44퍼센트, 해양 포유류의 33퍼센트가 멸종 위기에 처했으며, 가축의 9퍼센트는 2016년 시점에서 이미 멸종했죠. 보고서는 생물 다양성이 감소하는 다섯 가지 직접 요인이 있다고 말합니다. 토지 이용, 동물의 남획, 기후변화, 환경오염, 침입 외래종이 주요 원인이에요. 이러한 변화는 인간이 자연을 활용하는 방식과 관련이 있습니다. 지난 35억 년 동안 생물의 멸종은 자연스레 반복되어 왔지만, 이전의 멸종이 기후나 우주적 재난으로 발생한 것과 달리 현재의 위기는 인간 스스로 초래한 것입니다.

이처럼 생존 문제와 관련이 있는데도 인류는 생물 다양성 문제에 시급성을 느끼지 못합니다. 꿀벌과 인간 사이의 관련성을 쉽게 찾아내지 못하는 것처럼 생물 다양성 훼손을 체감하지 못하기 때문입니다. 이에 대한 우려를 나타내는 사람들은 생물 다양성의 감소를 '조용한 쓰나미'에 비유합니다. 천천히 다가오고 있지만 일단 발생하고 나면 돌이킬 수 없는 재앙이 될 수 있기 때문이죠.

생물 다양성과
국제 분쟁

1992년 체결된 생물 다양성 협약은 브라질 리우에서 열린 국제연합 환경개발정상회의에서 체결되었습니다. 150개 정부가 협약에 참여하기로 서명했죠. 그 덕에 생물종 감소 및 생태계 파괴에 관한 문제의식이 세계적으로 확산되었고, 인간 이외의 생명 역시 존엄하다는 인식 또한 퍼졌어요. 윤리적 차원을 넘어, 생물 다양성이 인류에게 기여하는 중요성과 경제적 가치 또한 재인식하기 시작했습니다. 2010년에는 생물 유전 자원을 이용해 발생하는 이익을 자원 제공국과 공유하도록 규정하는 국제 규범인 나고야의정서를 채택하기도 했어요. 이전에도 관련 조항이 있었지만 나고야의정서를 통해 이익 공유 방법에 대한 구체적인 절차, 방법, 이행 강제 수단 등이 상세하게 합의된 것이죠.

나고야의정서 채택과 관련한 대표적 사례로는 의약품 타미플루 Tamiflu가 있습니다. 타미플루는 2009년 신종플루가 유행할 당시 유일한 치료제로 주목을 받았습니다. 타미플루를 만든 곳은 스위스의 제약회사 로슈 Roche였죠. 문제는 원료에 있었습니다. 타미플루의 원료는 중국 남부 지방에서 자란 팔각회향八角茴香이었고, 로슈는 이 식물을 저렴한 가격에 사들였습니다. 그리고 타미플루를 만들어 수조 원의 수익을 냈죠. 하지만 원료를 제공한 중국과는 그 수익을 전혀 나누지 않았어요.

남아프리카공화국의 자생식물 후디아Hoodia도 비슷한 사례입니다. 남아공의 산San 족은 장기간 사냥을 떠나는 경우 후디아라는 선인장과 식물의 뿌리를 휴대해 허기를 달래곤 했는데, 영국 기업 파이토팜Phytopharm이 이를 활용해 다이어트 식품과 건강 식품을 생산하게 됩니다. 파이토팜은 후디아 상품으로 막대한 이익을 독식했습니다. 이에 문제의식을 느낀 남아프리카공화국의 변호사와 지역 비영리 시민 단체는 '전통지식권리'를 주장했죠. 결국 6퍼센트의 로열티와 8퍼센트의 마일스톤을 지급하기로 합의하고, 현재까지 대략 10만 달러를 지불했습니다.

한국은 2017년 5월 세계에서 98번째로 나고야의정서 비준을 거쳐 2018년 8월 18일 '유전자원 접근 및 이익공유에 관한 법률'을 전면 시행했습니다. 2017년 관련 기업 및 대학을 대상으로 시행한 설문조사에 따르면 국내에서 사용하는 생물 자원의 67퍼센트가 해외에서 수입된다고 해요. 그만큼 생물 자원에 대한 수입 의존도가 크다고 할 수 있는데, 그에 비해 생물 다양성 협약에 대한 준비는 부족한 실정입니다. 제약 분야의 경우 생물 자원의 절반가량을 중국에서 들여오고 있죠. 생물 자원 다양성 문제는 국가 간 협약 내용이 유동적이기 때문에 미리 준비하지 않으면 타격을 피할 수 없습니다.

생물 유전 자원 활용은 과학기술 발달과 함께 계속 증가할 것으로 전망됩니다. 이에 따라 국가 간 분쟁도 더욱 첨예해질 것으로 보

입니다. 나고야의정서가 채택된 배경에도 이전에는 몰랐던 생물 유
전 자원의 무한한 가능성을 각국에서 이해하기 시작했기 때문이고
요. 우리나라도 과거에는 생물 자원의 중요성을 몰라 그 권리를 외
국에 빼앗긴 경우가 있습니다. 한때는 국내 고유의 품종이었지만 현
재는 역수입을 하고 있는 사례이죠.

해방 직후 우리나라에 파견된 미국의 식물학자 엘윈 미더^{Elwin M.}
^{Meader}는 북한산 백운대에서 털개회나무의 종자를 채취합니다. 이후
미국으로 가져가 대량 증식에 성공하는데, 이렇게 새로 탄생한 품종
에 '미스김 라일락'이라는 이름을 붙입니다. 우리나라에 있을 당시
곁에서 도운 여성의 이름을 붙인 것입니다. 현재 '미스김 라일락'은
조경용으로 인기가 높아 미국 라일락 시장의 30퍼센트를 차지한다
고 합니다. 원래는 국내 품종이지만 이제는 미국이 권리를 갖고 있
습니다. 우리나라에서 이 나무를 수입하려면 로열티를 물어야 하죠.

구상나무도 비슷한 사례입니다. 원래는 우리
나라에만 자라는 나무였지만, 1920년 미국과
유럽으로 반출된 이후 품종이 개량됩니다. 현
재는 크리스마스트리로 재탄생되어 인기가 있
는 나무가 되었죠. 파생 품종을 22개나 만들어
냈고요. 역시 우리나라는 재배 권리가 없습니
다. 현재 종자권을 빼앗긴 우리나라 토종 작물
은 2만 4,000종 정도라고 해요.

구상나무 Korean Fir

우리나라의 한라산, 지리산, 가야산, 덕유산 등 남부 고산 지역에만 자라는 구상나무는 현재 심각한 멸종 위기에 처해 있습니다. 연구에 따르면 지난 20년 동안 36퍼센트가 말라 죽었다고 합니다. 전문가들은 지구온난화를 주요 원인으로 보고 있습니다.

우리나라에서만 자라는 구상나무는 외국에서 크리스마스트리로 인기가 높습니다. 하지만 정작 우리나라에서는 멸종 위기에 처해 있습니다.

과거 우리나라는 생물 다양성의 중요성을 인식하지 못했고, 이를 보전하거나 개발할 능력도 없었습니다. 반면 국내 종자를 채취해간 나라들은 식물 연구를 진행할 자본과 기술이 있어요. 나고야의정서가 채택된 배경에는 국가 간 힘 차이에서 비롯된 불공정함과 그에 대한 문제의식이 있었습니다. 생물종을 수출하는 곳이 대부분 개발도상국이고, 생물종을 활용해 이익을 얻는 곳도 대부분 선진국의 기업이었기 때문이죠. 오래도록 지속되던 불공정함이 2010년대가 되어서야 조정되기 시작한 것입니다.

미래를 위한
씨앗의 방주

생물 다양성을 유지하고 확보하는 것은 인류의 생존과 발전에 중요합니다. 세계 곳곳에서 이를 위한 다양한 노력을 하고 있죠.

노르웨이의 북쪽 섬 스피츠베르겐에는 전 세계의 씨앗을 모아 보관하는 곳이 있습니다. 이곳은 만년설이 쌓여 있고, 겨울에는 세 달 동안 해도 뜨지 않습니다. 1년 내내 얼어 있는 이곳의 영구 동토층은 씨앗을 안전하게 보관하기에 적합합니다. 2008년, 노르웨이 정부는 이곳의 해발 130미터에 있는 바위산에 120미터 깊이의 굴을 파 견고한 지하 보관소를 만들었습니다. 이 보관소는 지진이나 핵폭발에도 견딜 수 있도록 설계되었고, 전기 공급이 끊겨도 일정 기간 자연 냉동 상태를 유지할 수 있죠.

이곳의 정식 명칭은 스발바르 국제종자저장소Svalbard Global Seed Vault입니다. 식물의 멸종을 막고 생물 다양성을 보전하기 위해 설립되었습니다. 전 세계의 다양한 씨앗을 보관해 미래의 식량 위기에 대비한다는 것이죠. 공공의 목적을 갖고 있기 때문에 국가나 단체가 종자 저장을 의뢰하면 무료로 저장해 주는 것이 원칙입니다.

우리나라도 2008년에 한국산 벼·보리·콩·땅콩·기장·옥수수 등 작물 씨앗 5,000종을 입고했습니다. 2019년 기준으로 98만 3,500개가 넘는 씨앗이 보관되어 있습니다. 세계 최대 규모이기 때문에 현대판 노아의 방주라는 별명도 갖고 있죠. 노르웨이 출신의 건축가 디베케 산네Dyveke Sanne가 건축에 참여해 아름다운 외관을 갖추고 있고, 2008년 〈타임Time〉이 발표한 최고의 발명품 6위에 선정되기도 했습니다.

국내에도 씨앗을 보관하는 저장소가 있습니다. 경상북도 봉화군 국립백두대간수목원에 있는 시드볼트Seed Vault는 스발바르에 이어 전 세계에서 가장 규모가 큰 종자 저장소입니다. 2018년 개관한 이곳은 2019년 기준으로 5만 점 이상의 종자를 보관하고 있죠. 지하 46미터, 길이 130미터의 지하 터널에 설치된 종자 저장 시설은 최대 200만 점 이상의 종자를 저장할 수 있습니다. 영하 20도, 상대 습도 40퍼센트의 조건은 씨앗을 보관하기에 최적의 환경입니다. 연꽃은

현대판 노아의 방주라고 불리는 노르웨이 스발바르 국제종자저장소에는 98만 3,500개가 넘는 씨앗이 보관
되어 있습니다.

1,000년, 소나무는 200년 이상 보관할 수 있게 하는 등 수종별 보존 기간을 달리해 관리하고 있죠.

한번 보관된 종은 쉽게 사용될 수 없습니다. 스발바르 국제종자저 장소와 마찬가지로 재난 상황이나 멸종 위기종 복원 등 긴급 상황에 대비하기 위한 목적으로 운영되기 때문이죠. 같은 목적으로 설립된 두 공간은 결정적 차이가 있습니다. 스발바르 보관소의 경우 식량난 대비를 위해 식용 작물 위주의 종자를 보존하는 데 반해 국립백두대간수목원 시드볼트는 생태계 파괴를 대비해 야생 식물 위주의 종자를 보존하고 있어요. 기후변화 등으로 종이 멸종되었을 때 이곳에 있던 종자를 다시 키울 수도 있고, 재해 등으로 자생지가 파괴되었을 때 생태계를 복원할 수도 있습니다. 야생 식물의 멸종도 그 식물을 먹는 동물이나 곤충의 멸종을 초래하기 때문에 인류에게 매우 중요한 과제입니다.

동물의 유전자를 저장하는 냉동동물원Frozen Zoo도 미래를 위해 생물 다양성을 보존하고 있는 사례입니다. 세계 최초의 냉동동물원은 샌디에이고 동물원에 만들어졌습니다. 1972년 설립된 이곳은 1,100종이 넘는 척추동물 종의 생세포배양 샘플과 생식세포 샘플을 1만 개 가까이 보유하고 있습니다. 전 세계 300개 이상의 기관에서 일하는 500명 이상의 과학자에게 6,700개 이상의 샘플을 제공하기도 했죠. 이 샘플들은 동물의 인공수정이나 체외수정, 복제 등에 활용됩니다.

지구 안의 모든 생물은 그물망처럼 촘촘하게 연결되어 상호작용합니다. 생물 다양성이 줄어들면 인간이 생존할 가능성도 그만큼 줄어들게 되는 것이죠. 생물 다양성은 그 자체로도 중요하지만 타미플루의 원료가 된 팔각회향처럼 인류에게 막대한 도움을 주기도 합니다. 국가나 기업에게는 경제적 이익을 가져다주기도 하고요. "생물 다양성은 우리의 삶"이라는 국제연합의 메시지는 생물 다양성의 보전이 선택의 문제가 아닌, 반드시 해야만 하는 일임을 일깨워 줍니다.

　　야생에서 얻은 작은 씨앗 하나가 미래에 어떠한 영향을 미칠지 아직은 상상하기 힘듭니다. 다만 거대한 나무도 한때는 작은 씨앗이었던 것을 우리는 알고 있습니다. 현재 경각심을 주는 징후들을 어떠한 미래로 키우느냐는 이제 인류의 선택에 달려 있습니다.

사람 아닌 존재와도 잘 살아갈 수 있을까?

2030년 3월 3일 　　　　　　　　　　다른일보 이미래 기자

전 세계 동물을 만나는 디지털 동물원

세계 최초의 동물원으로 유명한 파리동물원이 한국을 찾는다. 디지털 동물원 개관 이후 최대 규모의 체험 교감이 될 예정이다.

동물원이 생태 공원과 동물 보호 센터로 전환되며 인간 위주의 동물 관람은 이제 전 세계에서 사라지는 추세다. 재작년 여의도 공원 내에 만들어진 한국디지털동물원은 현재 20종의 동물을 보유하고 있다. 개관시 40종이 넘는 동물을 신청했지만 절반은 국제 디지털 동물 기준을 통과하지 못했다. 디지털 동물 기준은 2025년 세계 협약을 통해 마련된 것으로, 실제 동물과 얼마큼 닮았는지, 디지털 동물의 생태 환경이 적절한지, 인간과 교감하는 방식에 문제가 없는지 등을 따져 인증을 부여하고 있다.

현재 한국디지털동물원에서 이 기준을 통과한 동물은 공작과 홍학을 비롯한 새 6종, 여우, 꽃사슴, 낙타, 너구리, 거

북, 아나콘다, 이구아나 등이다. 재인증을 받은 반달곰은 겨울잠 시기가 오기 전 공개될 예정이다. 함께 도전했던 침팬지와 오랑우탄 등 5종의 유인원은 움직임이 부자연스러우며, 지나치게 인간 중심으로 행동 패턴이 구현되었다는 이유로 부적합 판정을 받았다.

　파리동물원은 기후와 지리의 특성에 따라 다섯 구역으로 나뉘어 있는데, 유럽, 파타고니아, 가이아나, 마다가스카르, 사헬수단 지역이 모두 들어오게 되었다. 이로써 200여 종의 디지털 동물을 모두 체험 교감할 수 있게 되었다.

　〈파리동물원 – 인류의 미래전〉은 3월 4일부터 오는 6월 4일까지 3개월간 열리며, 디지털 동물 관리인 니콜라 토투의 특별 강연도 예정되어 있다.

인간이 침범한
동물의 세계

기원후 80년, 로마의 시민들은 설레는 마음으로 거대 원형경기장 콜로세움으로 모여듭니다. 8년간 지은 콜로세움이 개관하는 날이자 100일 동안의 축제가 시작되는 날이기 때문이죠. 당시 황제 티투스 아우구스투스Titus Augustus는 콜로세움의 완공을 축하하기 위해 다양한 행사를 준비했습니다. 5만여 명이 모여든 이날, 경기장에는 굶주린 맹수들이 등장했죠. 사자, 호랑이, 곰, 표범 등 각국에서 온 맹수들은 끝없이 싸웠습니다. 경기장에 모인 사람들은 열광했고, 무수히 많은 동물이 콜로세움에서 죽어 갔어요. 코끼리나 코뿔소, 하마, 타조처럼 로마에 살지 않는 동물들도 구경거리로 등장했습니다.

로마에서 동물을 전시하고 싸움을 붙이는 쇼는 기원전 275년에 이미 시작되었습니다. 이를 더욱 효과적으로 운영하기 위해 만든 것이 콜로세움이었죠. 콜로세움에 등장한 동물들은 진귀한 볼거리일 뿐 아니라 정치적으로도 중요한 의미가 있었습니다. 로마 황제는 식민지에서 데려온 다양한 동물을 콜로세움에 전시함으로써 강력한 권위를 보여 주고자 했습니다. 로마 중심부에 있던 플라비우스 원형경기장은 1,000여 개의 콜로세움 가운데 가장 웅장하고 거대한 규모를 자랑하는 건축물이었어요. 이 경기장의 개관 축제 첫날에만 5,000여 마리의 동물이 희생되었죠. 동물 쇼는 몇백 년 동안 이어졌습니다. 기원후 98년에 즉위한 트라야누스Traianus 황제는 다키아를 정복한 기념으로 1만 1,000마리의 동물들을 죽이기도 했어요. 먼 나라에서 끌고 온 야생동물들은 황제의 힘을 보여 주는 효과적인 도구였습니다.

이러한 무분별한 살육 속에서 야생동물의 숫자는 점차 줄어들었어요. 북아프리카의 코끼리, 코뿔소, 얼룩말은 멸종 위기에 처했고, 나일강 하류의 하마, 이란 북부 및 메소포타미아 지역의 호랑이도 사라지기 시작했죠. 4세기에 살던 로마 귀족의 편지를 보면 콜로세움에 더는 야생동물을 공수하기 힘들다는 내용이 등장합니다. 무분별한 살상을 하기에는 동물의 개체 수가 줄어들었고, 몸값은 점점 비싸집니다. 이러한 동물 쇼 탓에 완전히 멸종한 동물로는 북아프리카코끼리가 있습니다. 로마 제국의 문화가 만든 비극이라고 할 수 있죠. 결국 죽이지 않고 동물을 활용하는 다양한 쇼가 등장하고, 이러한 문화는 근대 유럽 동물 쇼의 기원이 됩니다.

······

동물원의
탄생

야생동물을 살상하는 콜로세움 동물 쇼는 사라졌지만, 자신의 권력과 부를 과시하기 위해 동물을 이용하는 문화는 지속되었습니다. 16세기 인도 무굴 제국의 3대 황제 아크바르Akbar는 수천 마리의 동물을 소유했고, 멕시코 아즈텍 제국의 마지막 황제 몬테수마 Montezuma도 수천 마리의 동물을 거느리며 300명의 사육사를 두었다고 해요. 이들 모두 동물을 통해 자신의 힘을 과시했다고 볼 수 있죠. 그 탓에 야생동물들은 서식지를 떠나 인간이 만든 우리에 갇히게 됩니다. 이 같은 개인 동물원을 미네저리menagerie라고 하는데, 오늘날의 동물원zoo과는 의미가 달랐습니다. 일반인이 구경할 수 있는 근대 동물원과 달리 미네저리는 고급 수집품을 모으는 것처럼 개인의 취향과 과시욕을 반영한 것이었습니다.

1752년 설립된 오스트리아의 쇤부른 궁전은 근대 동물원의 시초라고 할 수 있습니다. 마리아 테레지아Maria Theresia 황녀의 남편인 로트링겐 공 프란츠 슈테판Franz Stephan은 아프리카를 여행하며 수집한 동식물을 쇤부른 궁전의 작은 우리에 모아 두었어요. 이후 1778년 동물공원Zoological Park으로 일반에 공개되는데, 처음에는 정장을 입은 사람들에게만 허용되었죠. 하지만 이듬해인 1779년, 누구나 들어올 수 있는 공간으로 바뀌었습니다. 이후 시민들에게 매우 인기 있는 곳이 되었죠.

최초의 혁신적 공공 동물원은 1793년 개장한 파리동물원입니다. 파리동물원은 프랑스 혁명 이후 귀족들의 전유물이었던 미네저리를 해체하는 과정에서 생겨났습니다. 호화로운 정원에서 야생동물을 가두어 즐기던 귀족들의 삶은 평등을 추구하던 시민들에게는 파괴해야 마땅한 문화였어요. 이후 프랑스에서는 동물원의 필요 여부부터 안전 문제, 법규, 예산, 경영, 기르는 방식 등 다양한 논의가 이루어졌습니다. 인류 최초로 동물과 함께 잘 살아가는 법을 고민하던 시기라고 할 수 있죠.

파리동물원 개장 이후 유럽에서는 공공 동물원이 차례차례 생겨납니다. 런던[1828]에 이어 암스테르담[1838], 안트베르펜[1843], 베를린[1844] 등 도시 중심부에 동물원이 등장하죠.

파리동물원이 프랑스대혁명의 산물로서 야생동물을 공공의 영역으로 가져와 논의한 긍정적 사례라고 한다면, 이후 생겨난 동물원들은 공공에게 공개되었지만 권력을 강화하는 의도로 세워졌다는 점에서는 미네저리와 공통점이 있었습니다. 영국이나 독일 등 제국주의 열강들은 침략과 함께 동물 약탈도 일삼았고, 이는 식민지에 대한 지배력을 보여 주는 역할을 했어요. 일제가 **창경궁**을 훼손하고 1909년에 세운 동물원인 창경원도 같은 맥락으로 볼 수 있습니다. 일본이 주도한 이 사업은 유럽이 그랬던 것처럼 동물을 통한 힘의 과시, 제국주의적 지배욕이 녹아 있는 역사였죠. 공개적 동물 살육은 사라졌지만, 국가의 힘을 과시하기

> **창경궁**
>
> 1483년 성종 14년에 세워진 조선의 별궁이었습니다. 1909년 일제가 담장과 건물을 훼손하고 일본식 건물과 식물원, 동물원을 세우고, 창경원이라고 이름도 바꿨어요. 1983년에 동물원과 식물원은 서울대공원으로 옮기고 이름도 창경궁으로 되찾았어요.

위한 수단으로 동물을 이용했다는 점에서는 로마 제국의 의도와 크게 다르지 않았습니다.

독일인 카를 하겐베크^{Carl Hagenbeck}는 현대식 동물원에 많은 영향

을 끼친 인물이지만 잔혹한 역사를 남기기도 했습니다. 그가 남긴 선구적 성취는 동물원에 높은 울타리를 없애 더욱 야생적인 환경을 조성했다는 것입니다. 울타리 대신 동물과 관람객 사이에 도랑을 파 거리를 만들었죠. 이후 많은 동물원이 이 방식을 모방했죠. 그는 동물 쇼를 넘어 사람 쇼까지 원했습니다. 동물원 안에 인간 전시장을 만들어 아프리카인, 호주 원주민, 에스키모 등 자신들과 다른 인종의 사람들을 가두어 구경거리로 전락시켰죠.

1903년, 조선인도 전시품으로 일본에 소개되었습니다. 일본인은 조선인을 식인종으로 묘사했어요. 조선인을 위험하고 야만적인 존재로 표현한 것은 자신들과 다른 존재라는 것을 강조하려는 의도였을 겁니다. 강제로 식민지화하는 것을 정당화하기 위해서였죠. 인간 동물원은 유럽 전역으로 퍼져 유행하기 시작했고, 식민지를 소유한 제국주의 열강들은 앞다투어 인간 전시장을 만들었습니다. 이러한 인간 전시는 1958년에야 종지부를 찍게 됩니다.

......

동물 없는
동물원

동물권에 대한 인식이 바뀐 것은 1970년대입니다. 1960년대 환경운동과 함께 야생동물, 가축, 반려동물 등 동물 전반에 대한 시각이 바

뀌기 시작했습니다. 1975년 발간된 피터 싱어Peter Singer의 책《동물
해방Animal Liberation》도 이러한 변화에 기여했습니다. 저자는 종이 다
르다는 이유만으로 다른 종을 차별할 권리가 없다고 주장합니다.
"평등은 도덕적 이념이지, 사실에 관한 단언이 아니다"라고 말하면
서 인간과 동물 사이에도 평등의 가치가 중요하다고 강조했죠. 저자
의 주장에 따르면 동물을 동등하게 배려하는 것은 인종의 평등, 성
별의 평등 인식과도 연결되어 있으며, 따라서 다른 종이 고통을 느
끼는 것을 그대로 방치해서는 안 된다고 말합니다. 이는 같은 인간
이지만 자신과 다른 존재로 구분해 구경거리로 즐겼던 인간 동물원
의 역사를 떠오르게 만듭니다. 동물의 권리를 상상할 수 있다는 것
은 곧 나와 완전히 다르다고 믿는 존재들을 대할 때 관대함과 배려
심을 지닐 수 있게 됨을 의미합니다.

이러한 인식 변화와 함께 동물원 문화도 바뀌기 시작합니다. 시
애틀의 우드랜드파크 동물원Woodland Park Zoo은 세계 최초로 몰입전
시를 도입한 곳입니다.《동물해방》이 출간된 1975년의 일이었죠. 몰
입전시는 동물원의 환경을 자연 서식지 그대로 재현하는 방식을 뜻
합니다. 철창에 갇힌 동물을 구경하는 것이 아니라 야생에 서식하는
동물을 엿보는 체험을 하는 것이죠. 이 방식으로 동물들은 비로소
숨을 권리를 가질 수 있었습니다. 그동안 인간이 완벽하게 통제했던
동물원에서 때로는 동물을 못 볼 수도 있는, 그러나 더욱 생태계에
가까운 동물원이 탄생했습니다.

미국 시애틀에 있는 우드랜드파크 동물원은 세계 최초로 몰입전시를 도입한 동물원입니다.

'동물원이 필요한가?'라는 질문은 지금까지 이어지고 있습니다. 아무리 생태계와 비슷한 환경을 제공한다 해도 야생동물의 실제 서식 환경과는 차이가 있으며, 관람이 병행되는 이상 동물들은 스트레스를 받을 수밖에 없습니다. 몰입전시를 표방하는 동물원의 동물들도 일반 우리에 갇힌 동물들처럼 이상 행동을 보이는 것으로 나타났죠. 결국 동물원은 인간이 만든, 인간을 위한 공간일 뿐입니다.

멸종위기 동물을 보호하기 위해서는 동물원이 필요하며, 과학기술을 활용해 생태계를 복구할 수 있다고 말하는 사람들도 있습니다. 미국 샌디에이고동물원의 냉동 동물원Frozen Zoo에는 세포, 난자, 정자 등 생식을 위한 1만여 개의 데이터가 수집되어 있습니다. 복제 기술을 활용해 멸종위기 동물을 존속할 수 있도록 하겠다는 의도입니다. 실제로 야생 황소처럼 멸종위기종이 복제된 사례도 있습니다. 안타깝게도 질병에 걸려 오래 살지는 못했죠. 동물 복제 실험은 전 세계에서 활발히 진행 중이며 4,000년 전 멸종한 매머드의 복제도 꾸준히 논란거리가 되는 사안입니다. 2018년 세계자연기금WWF, World Wildlife Fund이 발표한 〈지구 생명 보고서 2018Living Planet Report 2018〉에 따르면 지난 40년간 전 세계 척추동물의 개체 수가 60퍼센트 감소했다고 해요. 이러한 문제를 해결하기 위해 복제 기술이 활용될지도 모릅니다. 하지만 특정 개체 몇 마리를 되살리는 것으로는 자연에 큰 도움이 되지 않는다는 의견도 있습니다. 생태계 회복은 개체에 대한 접근보다는 서식지에 대한 복구처럼 큰 그림으로 봐야 한다는 것입니다.

동물원의 필요성에 대한 근본적인 의문과 함께 동물 없는 동물원 아이디어도 등장했습니다. 증강현실AR, Augment Reality 기술을 통해 동물원을 체험하는 것이죠. 이미 프랑스, 영국, 미국, 그리스, 인도 등의 동물원과 수족관에서는 증강현실 기술을 도입했거나 도입할 예정입니다. 증강현실 헤드셋을 끼고 체험하는 동물원은 동물을 보는 것을 넘어 동물과 교감하는 동물원을 목표로 합니다. 사슴을 껴안고, 사자와 뛰어놀고, 돌고래와 수영할 수 있게 되는 것이죠.

동물원 없는 국가가 되겠다고 선포한 나라도 있습니다. 중남미의 코스타리카 정부는 2013년 동물원 폐쇄를 결정합니다. 어떤 형태로든 동물이 감금되는 것은 옳지 않다고 여겼기 때문이죠. 하지만 곧 동물원 경영진에게 소송을 당합니다. 계약에 따라 수익을 보장해 달라는 거였죠. 법원의 판결에 따라 동물원 폐쇄는 2024년으로 유예되었습니다. 그런데도 정부는 야생동물을 풀어 주고, 보호가 필요할 경우에는 센터에서 훈련해, 궁극적으로는 동물원을 없애겠다는 원칙을 지키고 있습니다.

각국의 다양한 시도에 비해 우리나라의 동물원, **동물권**에 대한 인식은 부족한 실정입니다. 2018년 9월 기준으로 국가에 등록된 동물원은 84곳, 수족관은 23곳입니다. 그러나 동물복지 운영 시스템을 갖추어 미국 동물원 수족관협회AZA, Association of Zoos and Aquariums 인증을

동물권animal rights
동물 역시 사람과 마찬가지의 생명권을 지니며 고통을 피하고 학대당하지 않을 권리 등을 지니고 있다는 주장입니다. 동물이 재산, 음식, 옷의 재료, 실험 도구, 오락 수단으로 쓰여선 안 된다고 강조합니다.

받은 곳은 에버랜드와 서울대공원 2곳뿐입니다. 이 2곳도 2019년 에야 획득했죠. 우리나라에 최초의 동물원이 생긴 것이 1909년이니 110년 만에 생긴 변화입니다. 나머지 82개의 동물원은 여전히 동물 권을 보장하지 못한 채 운영 중이며, 동물원으로 분류되지 않는 많은 시설에서도 학대 수준의 동물 방치가 이루어지고 있습니다.

우리나라의 야생동물과 동물원의 현실을 보여 주는 대표적 사건 으로는 2018년에 발생한 퓨마 뽀롱이의 죽음이 있습니다. 동물원에서 태어난 아홉 살 뽀롱이는 평생 동물원에서만 살다가 처음으로 동물원을 벗어납니다. 그러나 탈출한 지 4시간 만에 총에 맞아 세상을 떠나죠. 동물원 밖은 뽀롱이를 받아줄 수 없는 곳이었습니다. 뽀롱이는 인간의 영역에 결코 발을 들여서는 안 될 위험한 야생동물 이었기 때문이죠. 물론 인간의 시선으로 보았을 때 이야기입니다. 반면 동물들에게 가장 위험한 동물은 무엇일까요? 자신의 서식지에 침범해 들어와 생존을 위협하는 동물은 인간이 아닐까요?

《우리 본성의 선한 천사The Better Angels of Our Nature》를 쓴 스티븐 핑커Steven Pinker는 1970년대 이후 시작된 동물권의 상승이 인간의 삶 또한 변화시켰다고 주장합니다. 동물 학대 건수가 줄어들면서 성차별, 아동 학대, 인종 혐오 범죄 또한 줄었다는 것입니다. 동물을 대하는 사회의 수준이 인간을 대하는 수준 또한 보여 준다고 할 수 있어요. 동물원에서 우리가 보고 오는 것은 동물의 현재가 아닌, 인간의 미래일지도 모릅니다.

숲이 없어도
인간은 생존할 수 있을까?

2040년 1월 1일   다른일보 이미래 기자

올해 처음 태어난 아기, 어떤 반려목을 선택할까?

2040년 1월 1일 0시, 광주광역시의 한 병원에서 2040년 첫 아기가 태어났다. 3.4킬로그램으로 태어난 여아로, 태명은 '미래'로 알려졌다. 미래의 탄생을 축하하는 사람들은 미래가 어떠한 반려목을 선택할지 주목하고 있다. 광주 나무심기위원회에서는 은단풍, 잣나무, 동백나무를 추천해 선택을 기다리는 중이다.

아기가 태어나는 해에 탄생목을 심고, 반려목으로 평생 돌보는 정책은 2030년 시범적으로 시행되었다가 5년 후인 2035년 전국 정책으로 자리 잡았다. 미세먼지와 함께 공기 질이 점점 나빠지고, 한여름 기온이 평균 40도에 육박하는 등 도시의 환경문제가 시급해지자 정부는 다양한 녹지 정책을 시행했다. 일상에서 매일 접할 수 있는 녹지 비율을 늘리는 한편, 국민 한 명당 반려 나무 하나 갖기 정책을 펼친 것이다.

다양한 나무 종이 숲을 더욱 건강하게 만든다는 연구 결과에 착안해, 전문가로 구성된 나무심기위원회는 매달 추천 나무 종을 공개한다. 새로 태어난 아이의 보호자는 그중 하나를 선택해 반려목 부지에 심고 아이의 성장과 함께 나무를 돌보게 된다. 반려목의 이름은 대게 아이의 태명으로 붙여지며, 열세 살이 되면 아이는 스스로 나무를 돌보게 된다.

탄생목이 아니더라도 누구나 반려 나무를 갖고 돌볼 수 있다. 올바른 나무 선택부터 나무 돌보는 방법을 알려주는 지역의 나무보육원은 확대될 전망이다.

미래가 선택한 나무는 식목일 하루 전인 '반려 나무의 날'에 다른 1월 출생아의 나무들과 함께 심을 예정이다.

숲과 함께
살아온 인류

매년 그 해의 상징적인 통계를 발표하는 영국 왕립통계학회RSS, The Royal Statistical Society는 2020년을 맞아 지난 10년을 대표하는 통계 숫자를 발표했습니다. 그 결과는 8,400,000입니다. 이는 2010년부터 2019년까지 아마존 열대우림에서 사라진 숲을 축구장 개수에 비유한 것이죠. 축구장 840만 개 넓이의 숲이 벌채로 사라졌다는 것입니다. 심사위원들은 이 결과가 지난 10년 동안 이루어진 환경 파괴의 심각성을 함축적으로 보여 주는 통계라고 이야기합니다.

아마존 열대우림의 전체 넓이는 약 700만 제곱킬로미터로 지구 표면의 1퍼센트를 차지합니다. 한반도보다 서른두 배 넓으며, 세계 열대우림의 절반 이상에 해당하죠. 세계자연기금에 따르면, 지구상 알려진 생물종 10종 중 하나는 아마존 열대우림에 서식합니다. 이처럼 아마존은 다양한 생명체를 품고 있는 자연의 보고이자 세계에서 가장 큰 숲이기도 합니다. '지구의 허파'라는 별명이 어울리는 생명력이죠. 그런데도 아마존 열대우림을 비롯해 전 세계의 숲은 빠르게 줄어들고 있습니다. 숲이 사라지면 인간의 삶은 어떻게 변하게 될까요?

숲의 흥망성쇠는 인류 문명과 함께 움직여 왔습니다. 숲은 인간이 살아가는 데 꼭 필요한 것들을 제공했고, 인간은 숲 덕에 번성할 수 있었죠. 숲의 나무는 목재 자원을 제공해 건물을 지을 수 있게 해주었고, 배를 만드는 주재료로 쓰이기도 했습니다. 땔감으로 사용되어 철, 벽돌과 같이 견고한 무기와 건축 재료를 만들 수 있게 해주었어요. 숲은 한 나라를 부강하게 만들어 주는 귀중한 자원이었습니다.

숲은 문명을 번성시켰지만 무분별한 숲 자원의 활용은 문명을 몰락시키는 원인이 되기도 했습니다. 숲의 파괴와 함께 몰락한 대표적 사례로는 메소포타미아 제국과 인더스 문명이 있습니다. 고대의 대표적 문명 발상지로 알려진 두 곳은 한때 지구상에서 가장 번성한 삶을 이루던 곳이었습니다. 그만큼 자원이 풍부하고 비옥한 지역에 자리 잡고 있었죠. 문제는 숲의 자원을 활용하는 방식이었습니다. 각 문명이 수준 높은 건물을 보유할 수 있던 것은 숲에서 대규모 벌목이 이루어졌기 때문입니다. 거대한 도시와 신전을 짓기 위해서는 수많은 나무를 베어야 했습니다. 숲은 점점 파괴되어 갔고, 숲이 사라지면서 홍수나 가뭄 등 자연재해에 취약한 환경으로 바뀌었죠. 어느덧 녹지는 황무지로 변해 갔습니다. 반복되는 자연재해와 자원 고갈은 찬란했던 문명을 쓰러뜨렸습니다.

숲의 황폐화에 따른 고통은 우리나라 역시 겪어야 했습니다. 조선 시대 상황을 보여 주는 기록물 가운데 독일인 지크프리트 겐테Siegfried Genthe라는 기자가 쓴《신선한 나라 조선 1901Korea: Reiseschilderungen》에는 이런 구절이 나옵니다. "남산 꼭대기에서 서울한양을 내려다보면 헐벗은 산림으로 암담하고 황폐한 모습이다. 특히 나무 하나 없는 산

메소포타미아 문명의 발상지인 유프라테스강 유역은 거대한 도시를 짓기 위해 수많은 나무를 잘라내는 바람에 황무지로 변해갔습니다. 이는 문명이 몰락하는 원인이 되었습니다.

봉우리는 비바람에 마모되어 마치 서울이라는 도시를 사납게 내려다보고 있는 듯하다." 비슷한 시기 스웨덴 기자 안데르손 그렙스트 Andersson Grebst도 "이곳 사람들은 보통 아침저녁으로 하루 두 번 불을 때는데 땔감이 부족해 가격이 높아, 도시의 경우 일인당 수입의 25퍼센트를 땔감 구매에 썼다"라고 기록했습니다. 그의 글은 2005년에 《스웨덴 기자 아손, 100년 전 한국을 걷다》라는 제목으로 우리나라에 출판되었어요. 이 책에는 나무가 없는 황폐한 풍경, 땔감이 부족한 20세기 초반 우리나라의 실상이 잘 담겨 있죠.

이러한 상황까지 이른 원인은 우리나라의 혹독한 추위와 가난이었습니다. 온돌 난방을 위해서는 나무 땔감이 많이 필요했고, 조선인들은 생존을 위해 나무를 벴습니다. 또한 전쟁 이후 농토를 잃고 떠돌던 사람들은 화전민이 되어 산을 개간했습니다. 숲에 불을 놓아 농토로 개간하는 화전은 숲을 파괴하는 하나의 요인이 되었어요. 처음에는 경지 개간을 장려하던 조선 정부도 삼림 파괴가 심각해지자 금지 정책을 펼쳤습니다. 하지만 정책은 뒤늦은 데다 제대로 시행되지도 못했고, 화전은 점점 늘어났습니다.

한국전쟁 이후 우리나라의 삼림 총량은 현재의 5퍼센트 수준에 불과했습니다. 당시 국제연합조차 "삼림의 황폐도가 고질적이어서 도저히 어찌할 수 없다"는 평가를 내렸을 정도니 상황이 얼마나 처참했는지 상상해 볼 수 있죠.

지구에서 숲이
사라진다면

숲의 파괴가 문명의 위기로 이어진다는 역사의 교훈을 현대인들은 얼마나 받아들이고 있을까요? 안타깝게도 숲은 끊임없이 줄어들고 있습니다. 인위적 벌목과 함께 기후변화 위기가 더해지고 있죠. 지구상에서 가장 크고 오래 사는 식물인 바오밥나무는 이러한 위기를 고스란히 보여 주고 있습니다.

바오밥나무는 평균 20미터 높이에 40미터 둘레로, 성인 12~14명이 함께 양팔을 벌려야 완전히 감쌀 수 있는 큰 나무입니다. 아프리카와 코스타리카, 호주에서만 자라기 때문에 쉽게 볼 수 있는 나무는 아니죠. 프랑스의 작가 생텍쥐페리의 《어린 왕자》에 등장해 잘 알려진 나무이기도 해요. 《어린 왕자》에 등장하는 바오밥나무는 무시무시한 존재입니다. 별을 온통 엉망으로 만들어 버리죠. 어린 왕자는 "별이 너무 작은데 바오밥나무가 너무 많으면 별이 산산조각이 나버리고 만다"고 걱정하죠. 어린 왕자가 사는 작은 별에서 바오밥나무는 너무 크고 강했습니다. 이처럼 강한 생명력을 자랑하는 바오밥나무는 수령이 2,000살이 넘은 것도 있습니다. 하지만 최근 위기에 빠졌어요.

2018년 학술지 〈네이처 플랜츠Nature Plants〉에는 바오밥나무가 계속 죽어 가고 있다는 연구 보고서가 실렸습니다. 남아프리카공화

기후변화 탓에 아프리카에 있는 수령 1,000년 이상의 바오밥나무들이 말라 죽고 있습니다.

국 출신 과학자 스테판 우드본Stephan Woodborne은 "아프리카 남부에서 2,000년 이상 된 바오밥나무 세 그루가 지난 10년 동안 모두 죽었다"라며 "수령이 1,000~2,000년인 바오밥나무 열한 그루 가운데 여섯 그루도 말라 죽었다"고 설명했죠. 과학자들은 원인을 기후변화로 추정하고 있습니다. 지구의 기온이 높아지면서 나무들이 환경 변화에 적응하지 못하고 있다는 것이죠. 나무들이 사라지면서 나무와 함께 형성되어 온 생태계도 파괴되고 있습니다. 현지인들의 의식주와 경제활동도 전반적으로 흔들리게 되었죠.

숲을 중심으로 한 생태계의 파괴가 종의 멸종을 불러오는 사례로는 인도네시아 보르네오의 오랑우탄을 들 수 있습니다. 독일 막스플랑크 진화인류학연구소Max-Planck-Institut fur evolutionare Anthropologie 등 세계 38개 연구소는 보르네오에 사는 오랑우탄 개체 수 변화를 예측했습니다. 이에 따르면 지난 1999년부터 2016년까지 보르네오에서는 10만 마리 이상의 오랑우탄이 사라졌으며, 앞으로 35년 사이에 현 개체 수의 절반가량인 4만 5,000마리가 더 죽을 것으로 예측되었어요. 보르네오 섬과 수마트라 섬에만 서식하는 오랑우탄은 **국제자연보전연맹**이 지정한 '심각한 위기종Critically Endangered'으로, 이는 완전

국제자연보전연맹IUCN, International Union for Conservation of Nature

전 세계 자원 및 자연 보호를 위하여 국제연합의 지원을 받아 1948년에 설립되었습니다. 국가, 정부 기관 및 NGO의 연합체 형태로 발전한 세계 최대 규모의 환경 단체입니다.

오랑우탄의 생존을 위협하는 서식지 파괴의 주요 원인으로는 팜유 농장을 들 수 있습니다.

멸종에 가까운 '야생상태 절멸Extinct in the Wild'의 바로 앞 단계입니다.

오랑우탄의 생존을 위협하는 서식지 파괴의 주요 원인으로는 팜유 농장을 들 수 있습니다. 활용도가 높은 유지 자원인 팜유는 라면, 빵, 과자 등 다양한 식품에 쓰일 뿐 아니라 세제, 화장품, 바이오 연료 등 다양한 분야에서 사용되고 있습니다. 팜유 사용이 늘면서 대규모 팜유 **플랜테이션**이 형성되었고, 우리나라를 비롯한 세계 각국의 기업들이 팜유 사업에 뛰어들었죠. 이는 심각한 삼림 파괴와 동물의 서식지 파괴를 초래하고 있어요.

> **플랜테이션**plantation
>
> 열대나 아열대 지방에서 거대 자본가나 기업이 현지인의 값싼 노동력을 이용해 농산물을 대량 생산하는 경영 방식을 뜻합니다. 주로 쌀, 고무, 담배, 솜 등을 재배합니다.

2018년 '세계 환경의 날'에 국제 동물 구조 단체인 국제동물구조협회IAR, International Animal Rescue는 영상 하나를 공개했어요. 이 안에는 보르네오 삼림 벌채 현장에서 오랑우탄 한 마리가 굴삭기에 달려드는 모습이 담겨 있습니다. 쓰러진 나무들 속에서 외로운 싸움을 벌이던 오랑우탄은 결국 마취총을 맞고 땅으로 떨어지죠.

숲의 파괴가 인간을 직접적으로 위협하는 사례도 있습니다. 숲모기를 통해 전파되는 지카바이러스가 그 예입니다. 지카바이러스는 중남미를 중심으로 크게 확산되었어요. 임신 초기 감염되면 태아의 뇌에 치명적인 손상을 입혀 소두증을 유발하는 심각한 바이러스로, 2017년까지 브라질에서는 1,700명 가까이 되는 소두증 아이가 태어났습니다. 산모와 신생아에 대한 우려가 확산되면서 세계보

건기구는 2016년 2월 1일 '세계적인 공중보건의 위기^{PHEIC, Public Health}
^{Emergency of International Concern}'를 선언하기도 했죠.

기후학자와 감염학자들은 지카바이러스가 확산된 원인으로 자연 파괴와 무분별한 개발을 들고 있습니다. 1970년대 이후 진행된 남미와 동남아의 리조트 사업과 산업 부지 개발은 열대우림을 대대적으로 파괴했죠. 도시 주변으로 공사 폐기물이 버려졌고, 경제 위기로 완공되지 못한 공사 현장이 폐허로 남았습니다. 이때 생긴 도시 곳곳의 웅덩이는 모기 유충들이 서식하기 좋은 환경을 조성했어요. 숲모기들은 숲이 아닌 도시에 집단으로 살게 되었고, 인간에게 바이러스를 퍼트리게 됩니다.

• • • • • •

숲이 전해 주는
지혜

2015년 국제연합의 보고서에 따르면 2050년에는 세계 인구의 68퍼센트가 도시에서 살 것으로 전망됩니다. 우리나라는 도시화가 가장 빠르게 이루어지고 있는 나라로 2020년 시점에서 91.8퍼센트가 도시에 살고 있죠. 우리나라는 전체 국토의 63.5퍼센트가 산림이지만 생활권 안에서는 녹지를 만나기 힘듭니다. 산림청이 2009년 전국의 도시림 현황을 조사한 결과, 우리나라 전체 국토 중 약 17.3퍼센트가 도시림이었어요. 도시림은 서울의 북한산 등 도시 안에 있는 산과 인위적으로 조성된 공원, 고궁 등의 숲을 모두 이르는 말이죠. 이 가운데 생활과 밀착해 있는 소공원, 근린공원, 학교 숲 등은 전체 국토의 0.5퍼센트뿐이었어요.

이처럼 빌딩에 둘러싸여 사는 도시인에게는 자신의 삶과 숲의 상관관계를 찾는 것이 쉬운 일이 아닙니다. 숲 파괴에서 기인한 생태계의 위기나 동물 멸종에 대한 문제의식은 먼 이야기로 느껴지기 쉽죠. 열 명 중 아홉 명이 도시에 거주하는 한국인들에게는 이러한 문제의식을 갖는 것이 더욱 어렵습니다. 숲과 함께 문명을 일으켜 세운 것은 그저 과거의 이야기로 다가옵니다. 하지만 미래에도 숲은 인간에게 꼭 필요할 거라고 여러 연구가 밝히고 있습니다.

미국 뉴욕주립대학교 환경과학임업대학과 이탈리아 나폴리 파르테노페대학교 연구진은 인구 1,000만 명이 넘는 세계의 주요 도시 10곳을 선정해 도시 숲이 제공하는 사회적 편익을 계산했습니다. 2017년 발표한 연구 결과 도시 숲이 제공하는 사회적 편익은 연간 5,404억 원에 달하는 것으로 밝혀졌어요. 특히 이 중 95퍼센트는 대기 오염물질을 줄이는 것과 관련된 것이었습니다. 초미세먼지 농도를 낮추는 것에 효과적이어서, 도시 숲을 획기적으로 늘린다면 공기 오염을 크게 줄일 수 있다는 뜻이죠.

같은 해 우리나라의 국립산림과학원도 연구를 통해 도시 숲이 미세먼지를 줄이는 데 효과가 있다는 것을 밝혀 냈습니다. 또한

2019년에는 도시 숲과 우울증 질환의 연관성을 규명하는 조사 결과도 발표했습니다. 도시 숲이 가장 많은 지역에 사는 사람의 우울증상 위험도가 도시 숲이 가장 적은 지역에 사는 사람보다 평균 18.7퍼센트 낮은 것으로 나타났어요. 숲을 보호하고 조성하는 것은 생태계 보호를 넘어 인간의 건강을 지키는 면에서도 유의미하다는 것을 보여 주는 결과입니다.

미국항공우주국NASA, National Aeronautics & Space Administration이 우주로 쏘아 올린 제다이GEDI, Global Ecosystem Dynamics Investigation는 전 세계 숲의 생태 구조를 입체적으로 파악하는 장치입니다. 2018년 우주로 떠난 제다이는 지구의 '탄소 저장 지도'를 만들었죠. 3개의 레이저를 사용해 숲의 높이, 나뭇가지와 잎의 분포 등을 조사했어요. 수평적으로 퍼져 있는 숲의 분포뿐 아니라 숲의 높이까지 파악하는 것은 숲이 내포한 탄소량을 조사하는 데 매우 중요한 요소입니다. 이를 위해 광선 탐지로 거리를 측정하는 기술을 사용했고, 레이저를 반사해 숲의 위치와 모양을 삼차원으로 감지해 내는 데 성공했어요.

제다이의 자료는 전 세계 숲에 얼마나 많은 탄소가 저장되어 있는지, 미래에는 어떻게 변할지 예측할 수 있게 해줍니다. 연구원들은 제다이를 보완해 전 세계 생물 다양성을 모델링하는 데도 활용할 수 있을 거라고 기대하고 있어요. 숲을 통해 생물의 서식지를 파악하고, 더욱 중요한 지역을 구분해 낼 수 있다는 것입니다.

미세먼지를 줄여 주고 기후변화를 막는 데 효과적이라는 것 외에도 숲의 이로움은 끝이 없습니다. 숲을 체험하는 것이 스트레스를 완화시켜 주고 우울증 치료에도 효과가 있다는 연구 결과와 함께 암세포를 억제하는 데에도 이로운 역할을 한다는 의학 연구가 발표되기도 했죠. 독일은 이러한 산림치유에 의료보험 혜택을 부여하는 나라입니다. 산림치유를 정식 의료 활동으로 인정한 것이죠. 정서 안정을 통한 치유가 아닌, 약물을 통한 치료에도 숲이 기여하는 바는 큽니다. 다양한 암 치료제가 식물에서 추출되고 있어요. 오늘날 사용되는 모든 의약품의 25퍼센트가 아마존 열대우림에서 나온다는 것만 보아도 숲이 주는 이로움은 무궁무진합니다.

지구물리학자인 앤 호프 자런Anne Hope Jahren은 자신의 책《랩걸Lab Girl》에서 녹색 식물이 우리에게 주는 메시지를 이렇게 설명합니다. "전 세계 어디를 가나 '녹색'이라는 단어는 '자란다'라는 동사와 어원을 같이한다." 식물은 자라면서 녹색으로 풍성해지고, 깊이 뿌리 내리고 성숙해질수록 더 많은 생명체에게 함께 살아갈 환경을 선물합니다. 숲을 통해 얻는 실질적 이익을 떠나, 우리는 숲을 바라보는 것만으로 많은 것을 배울 수 있습니다.

미국 유타대학교의 생물학자 윌리엄 앤더렉William Anderegg 교수팀은 다양한 특성을 가진 나무가 많아야 가뭄의 영향을 덜 받는다는 연구 결과를 2018년 과학 저널 〈네이처Nature〉에 발표했습니다. 다양성을 가진 숲이 생존할 수 있는 힘이 크다는 것이죠. 나무마다 뿌리를 내린 깊이가 다르기 때문에 물이 흘러나오는 곳도 다양해지고,

가뭄에 잘 대응한다는 것입니다. 다원화 시대에 접어드는 지금, 인류는 얼마나 준비가 되어 있을까요? 지구상의 다양한 생명체와 함께 살아갈 준비가 되어 있나요? 인도네시아어로 '숲에 사는 사람'이라는 뜻을 가진 오랑우탄은 인류에게 빼앗긴 보금자리를 돌려받을 수 있을까요? 이제는 나무가 들려 주는 오랜 지혜에 귀를 기울여야 할 때가 아닐까요?

3부

경제와 공공성

내가 산 물건이 세상에 이로울까?

2035년 11월 27일 다른일보 이미래 기자

앞으로 사라질 단어 1위, '옷장'

국립국어원은 지난 1년간 한국인의 언어 습관을 분석해 사용 빈도가 점점 낮아지고 있는 단어들을 발표했다. 그중 사용도가 급격히 떨어진 단어 1위는 '옷장'인 것으로 나타났다.

한때는 필수 가구였던 옷장이 사라질 단어이자 사라질 물건이 된 것은 소비 문화의 변화 때문으로 보인다. 섬유산업이 환경에 끼치는 악영향과 대부분 재활용되지 못하고 버려지는 의류 폐기물의 문제가 알려지면서 사람들은 새로운 옷을 소비하는 것을 멈추기 시작했다. 빨리 만들고 빨리 구입해 빨리 교체하는 '패스트 패션'이 사라지고, 빌려 입고 나눠 입는 '셰어링 패션'이 새로운 소비 패턴으로 자리 잡았다.

연말에 상품을 대대적으로 팔아 소비를 촉진하는 '블랙프라이데이'도 물물교환의 장 '그린프라이데이'로 바뀌면서, 사람들은 더는 '신상'에 관심을 두지 않게 되었다.

과거 '설레지 않으면 버려라'는 메시지의 미니멀리즘이 있었다면 이제는 '설레지 않으면 바꿔라, 그리고 다양하게 즐겨라'라는 셰어링맥시멀리즘이 유행 중이다. 셰어링맥시멀리즘의 1단계는 옷장 없애기다. 셰어링 허브로 자신의 옷을 보낸 뒤 입고 싶은 옷을 골라 바꿔 입는 것이다. 하루 단위로 배송과 수거가 되어 끊임없이 새로운 옷을 입을 수 있기 때문에 집안에 옷을 저장해 둘 필요가 없다.

'옷장' 외에도 '충동구매', '쇼핑백', '플렉스flex'가 사라질 단어로 선정되었다.

세상을 바꾼
보이콧

1955년 12월 1일, 흑인 여성 로자 파크스^{Rosa Parks}는 버스에 탑니다. 일을 마치고 집으로 돌아가는 길이었죠. 빈자리가 있어 그녀는 앉을 수 있었지만 퇴근길이었기 때문에 버스는 곧 만석이 되었어요. 문제는 그다음에 일어납니다. 버스 운전사는 그녀에게 일어나 백인들에게 자리를 양보하라고 명령했습니다. 지금으로서는 이해하기 힘든 일이지만 당시 미국에서는 흑인 차별이 만연했습니다. 버스도 흑인 자리와 백인 자리가 구분되어 있었고, 둘 다 앉을 수 있는 자리도 있었지만 만약 버스에 사람이 꽉 차면 무조건 흑인이 일어나야 했죠. 운전사는 공동 좌석에 앉아 있던 네 명의 흑인에게 일어나라고 명령했습니다. 세 명의 흑인은 관례대로 일어나 백인에게 자리를 양보했지만, 로자 파크스는 끝까지 일어나기를 거부했습니다. 운전사는 경찰을 부르기에 이르렀고, 그녀는 체포됩니다.

이 사건을 계기로 흑인 사회는 인종차별에 대항하기로 합니다. 당시 미국 사회는 버스 좌석뿐 아니라 물 먹는 곳, 화장실, 식당 등에서도 흑인과 백인을 구분했습니다. 1960년대 초를 배경으로 한 영화 〈히든 피겨스^{Hidden Figures}〉에 이러한 사회 분위기가 잘 담겨 있죠. 영화에는 미국우주항공국의 우주선 프로젝트에 합류하게 된 흑인 여성 과학자가 화장실을 찾느라 고생하는 대목이 나와요. 유일한 흑

백인에게 자리를 양보하라는 기사의 명령을 거부한 로자 파크스는 흑인 인권운동의 상징이 되었습니다.

짐크로법Jim Crow laws

미국에서 1876년부터 1965년까지 시행되었습니다. 합법적으로 인종을 분리한 이 법으로 흑인들은 백인들보다 경제적·사회적으로 열등한 대우를 받았고, 심각한 불평등을 겪었습니다.

인 팀원이었던 그녀는 피부색 때문에 사무실에서 800미터 떨어진 화장실을 이용해야 했습니다. 흑인과 백인은 평등하지만, 생활은 구분해야 한다는 짐크로법이 여전히 시행되고 있을 때였습니다.

뿌리 깊은 인종차별에 고통받고 있던 흑인들은 로자 파크스 체포 사건을 보고 큰 깨달음을 얻었습니다. 앨라배마주 몽고메리에 살던 흑인들은 그동안 참아왔던 분리 정책에 근본적인 변화를 요청하게 됩니다. 첫째, 피부색과 상관없이 자리에 앉게 할 것. 둘째, 흑인 버스 운전사를 고용할 것. 이와 함께 버스 보이콧에 돌입합니다.

보이콧은 매우 효과적이었습니다. 흑인들은 한마음으로 버스를 타지 않았고, 운송회사들은 적자가 나기 시작했죠. 택시, 카풀, 자전거, 도보 등 흑인들은 다양한 방법으로 버스를 대체했습니다. 일상이 불편해지고 보이콧을 방해하는 사건도 많았지만, 흑인들은 버스회사를 재정 위기에 빠뜨리면서 원하는 메시지를 전달했어요. 이 운동은 1년간 지속되었고, 결국 변화를 이끌어 냈죠. 1956년, 좌석을 구분해 앉던 버스 차별은 사라지게 되었습니다.

세상을
이롭게 하는 기업

흑인들의 버스 보이콧은 소비를 멈추어 세상을 바꾼 사례입니다. 이처럼 소비는 단순한 구매를 넘어, 자신의 가치관을 드러내는 행동이기도 하죠. 최근에는 개인의 만족뿐 아니라 공공의 이익을 위한 소비도 많아지고 있습니다. 윤리적 소비란 소비자가 상품이나 서비스를 구매할 때 윤리적인 가치 판단에 따라 선택하는 것을 말합니다. 소비를 공적인 활동으로 인식하는 것이죠. 윤리적 소비를 하는 소비자들은 자신과 같은 가치를 추구하는 기업의 물건을 구입하는 행위로 사회를 바꾸고자 합니다. 물건의 생산 방식이 윤리적인지, 이익이 났을 때 사회 공헌을 하는지, 고용 형태가 공정한지, 환경오염을 적게 일으키는지 등 기업이 공공의 이익을 고려한 경영을 하고 있는지 확인하고 소비하는 것이죠.

미국의 신발 브랜드 탐스TOMS는 사회 공헌에 앞장선 대표적 기업입니다. 2006년 신발 없이 사는 어린이들을 돕기 위해 설립된 이 회사는 신발을 한 켤레 사면 신발이 없는 어린이에게 한 켤레의 신발을 선물하는 원포원one for one 캠페인을 벌였습니다. 자신의 소비가 기부로 이어질 수 있다는 것을 보여 준 이런 경영 방식은 우리나라에서도 화제가 되었습니다. 이를 통해 기부란 부유한 사람이 하는 것이라는 기존의 인식이 바뀌었고, 내가 한 기부의 구체적인 결과를 알 수 있다는 점에서 기부를 더욱 일상적인 문화로 정착시켰죠. 이후 비슷한 디자인의 신발을 만들고, 비슷한 방식으로 경영하는 회사들이 늘어나면서 수익이 줄어들기 시작했지만, 탐스의 착한 경영은 전 세계에 많은 영향을 끼쳤습니다.

영국의 수제 화장품 브랜드 러쉬LUSH는 동물권과 친환경을 핵심 가치로 내세운 기업입니다. 1995년 설립 이후 어떤 이유로도 동물실험을 하지 않으며, 동물실험을 거친 원료조차 사용하지 않죠. 또한 포장 용기에서 나오는 쓰레기를 줄이기 위해 과대 포장 반대 캠페인을 펼치기도 합니다. 이러한 경영 철학은 소비자들에게 공감을 얻어 매년 매출이 꾸준히 늘고 있습니다.

미국의 아웃도어 브랜드 파타고니아Patagonia는 '이 재킷을 사지 마세요Don't Buy This Jacket'라는 광고로 유명합니다. 판매가 목적인 기업에서 황당한 문구로 광고를 한다고 생각할 수 있지만 이 기업의 철학을 알고 나면 수긍이 갑니다. 2011년, 미국의 가장 큰 세일 기간인 블랙프라이데이 때 공개된 이 광고는 재킷 하나를 만드는 데도 환경오염이 발생하며, 따라서 자신에게 꼭 필요할 때만 옷을 사라는 뜻을 담고 있습니다. 만약 이 옷이 꼭 필요한 게 아니라면 사지 않는 게 모두에게 낫다는 것입니다. 1973년 암벽 등반가 이본 쉬나드Yvon Chouinard가 창립한 파타고니아는 줄이기reduce, 고치기repair, 재사용reuse, 재활용recycle를 강조한 4R 운동을 내세웁니다. 환경 발자국을 줄이고, 고쳐 쓰고, 재사용하고, 재활용하는 소비 태도를 강조하는 것이죠. 실제로 이 회사는 고객이 구입한 옷의 평생 수선을 약속하며 추구하는 가치를 행동으로 보여 주고 있습니다. 또한 1985년부터 매출액의 1퍼센트를 풀뿌리 환경단체에 기부하고 있습니다. 이를 발판으로 2002년부터는 '지구를 위한 1퍼센트1% for the Planet'라는 비영리 단체를 조직해 더 많은 기업이 참여하도록 하고 있죠.

조립 가구로 유명한 스웨덴의 가구 브랜드 이케아IKEA는 자신들의 제품 철학을 살려 사회에 도움을 주고 있습니다. 국제연합 난민 고등판무관사무소의 요청으로 난민을 위한 조립식 주택을 만들고 있는 것입니다. 네 명이 네 시간 동안 완성할 수 있는 이 집은 과거 난민들이 살던 텐트보다 청결하고 안전한 환경을 제공합니다. 크기는 약 5.3평이며 2~3년간 사용할 수 있어요. 몇 달밖에 사용하지 못하는 기존의 텐트보다 내구성이 좋습니다. 무엇보다 문을 잠글 수 있어 안전이 보장되며, 창문과 환기 시설이 있고, 태양광 전지가 있어 밤에도 활동할 수 있죠. 6,800만 명가량의 난민 중 절반이 어린이인 점을 감안하면 거주지의 안정성은 반드시 확보되어야 합니다. 이 집을 통해 난민들은 자신의 존엄성을 지키며 거주할 수 있게 되었습니다.

가구 회사 이케아는 난민을 위한 조립식 주택을 개발해 난민에게 청결하고 안전한 환경을 제공했습니다.

해시태그,
소비자의 선택

스위스의 금융그룹인 스위스연방은행UBS, Union Bank of Switzerland이 발표한 〈UBS 백서: 다보스포럼 2019〉에서 실시한 설문조사에 따르면, 소비자의 81퍼센트가 자신의 소비 패턴과 가치관을 일치시키고자 하는 것으로 나타났습니다. 69퍼센트의 소비자는 개인적 가치관과 일치하는 윤리경영 기업의 제품을 구매할 용의가 있고, 71퍼센트는 환경, 지배 구조 등에서 부정적인 평가를 받는 기업의 제품은 의식적으로 사지 않을 것이라고 답했죠.

특별히 밀레니얼 세대는 기존 세대와 비교해 친환경 소비를 중요하게 여기는 것으로 나타났습니다. 미국의 시장조사 업체 글로벌웹인덱스GlobalWebIndex는 세대별 설문조사를 진행했습니다. 값을 더 내더라도 친환경 제품을 소비하겠냐는 질문이었죠. 답변을 살펴보면 55세부터 64세까지의 베이비부머는 46퍼센트, 36세부터 54세까지의 X세대는 55퍼센트가 긍정적으로 답했습니다. 22세부터 35세까지의 밀레니얼 세대는 이 비율이 61퍼센트로 앞의 세대보다 높았습니다. 16세부터 21세까지의 Z세대는 58퍼센트로 밀레니얼 세대보다 긍정 답변 비율이 낮았지만, 향후 사회에 진출해 주요 소비층으로 부상하면 비율이 달라질 수 있는 결과입니다.

이처럼 친환경의 가치는 모든 세대에 널리 퍼지고 있으며, 특히 젊은 세대일수록 친숙하게 여겨 행동으로 자연스럽게 이어집니다. 이러한 변화와 맞물려 소비와 관련해 새롭게 부상한 용어들도 있습니다. 제로웨이스트Zero Waste, 비거니즘veganism, 크루얼티프리Cruelty Free 등이라는 단어죠.

쓰레기를 최소한으로 배출하는 제로웨이스트, 동물을 먹지 않을 뿐 아니라 동물을 착취한 제품의 소비까지 거부하는 비거니즘, 동물 실험을 하지 않는 제품을 이르는 크루얼티프리까지 하나의 물건에 포함된 환경 영향 및 윤리성을 자세히 살펴 소비하는 풍조가 확산되고 있습니다. 소비 활동이 하나의 운동의 형태로 나타나고 있는 것입니다.

과거 우리나라에도 물건을 아껴 쓰고, 나눠 쓰고, 바꿔 쓰고, 다시 쓰자는 '아나바다' 운동이 확산된 적이 있습니다. 내용만 보면 현재의 친환경 운동과 비슷해 보이지만 자발성 면에서 큰 차이가 있습니다. 아나바다 운동이 국가 차원에서 제시된 가치이자 행동이라면 최근의 친환경 소비, 윤리적 소비는 개인의 자율성을 바탕으로 합니다. 또한 아나바다 운동이 진행될 수밖에 없던 근본적인 이유가 국가의 빈곤 문제에 바탕을 두고 있다면, 현재의 소비 패턴은 경제적 빈곤보다는 미래 세대를 위한 걱정과 공공의 이익에 바탕을 둔 행동이라고 할 수 있죠.

소비자들이 변하면서 기업들도 변화를 시도하고 있습니다. 세계 최대의 커피 체인점을 보유한 스타벅스에서는 2018년부터 플라

세계적인 커피 체인점 스타벅스는 2018년부터 종이 빨대만을 사용합니다. 이는 소비자의 요구와 사회 분위기가 반영된 결과입니다.

스틱 빨대를 사용하지 않기로 했어요. 이러한 변화의 시작점에는 2015년 코스타리카에서 구조된 바다거북 동영상이 있습니다. 콧속에 빨대가 박혀 고통스러워하는 거북이를 사람들이 도와주는 영상이었죠. 이 영상 안에는 작은 빨대 하나가 동물에게 미치는 커다란 영향이 고스란히 담겨 있습니다. 이 영상은 인터넷을 통해 전 세계에 퍼져나갔고, 플라스틱 빨대 사용에 대한 비판의 목소리가 높아졌죠. 스타벅스가 빨대 사용을 포기한 것은 자발적인 결정이라기보다는 소비자의 요구와 사회 분위기가 반영된 결과라고 볼 수 있습니다.

패션 업계도 대대적인 변화를 겪고 있습니다. 한때는 저렴한 가격에 유행을 빠르게 반영해 인기를 끌었던 브랜드들이 이제는 외면받는 상황이 되었죠. 유행에 따라 입고 버린다는 의미로 사용된 용어인 패스트 패션fast fashion은 이제 부정적인 의미로 다가옵니다. 옷을 생산하는 과정에서 발생하는 환경오염, 버려지는 옷으로 인한 쓰레기 문제 등 쉽게 사고 쉽게 버리는 패션은 주 고객이었던 젊은 세대로부터 외면을 받고 있습니다.

기업들은 태세를 전환하기 시작했어요. 환경에 피해를 주지 않는 녹조, 파인애플 등의 식물성 원료로 옷을 만들거나 옷을 빌려주는 렌탈 사업을 진행하기도 하고, 중고 옷을 수거해 필요한 이들에게 기부하는 프로젝트를 진행하는 등 친환경 정책에서 어긋나지 않는 방식으로 브랜드를 마케팅하고 있습니다. 명품 브랜드들도 지속 가능한 의류에 관심을 쏟고 있는데, 프라다는 낚시 그물, 버려진 카펫, 산업용 플라스틱과 같은 폐기물을 재활용해 에코닐ECONYL이라는 소재를 개발해 가방을 만들고 있죠. 기존 나일론 가방을 2021년까지 모두 에코닐로 전환할 것이라고 밝히기도 했습니다.

소비자는 이제 물건만 보고 구입을 결정하지 않습니다. 내 손에 있는 이 물건이 어떠한 과정을 통해 만들어졌는지, 그 과정에 어떠한 가치가 담겨 있는지도 구입을 결정하는 중요한 요소입니다. 2013년 4월 방글라데시의 라나플라자 건물 붕괴 사건은 패션계의 비윤리적 생산 형태를 비판하는 계기가 되었습니다. 위험한 환경에 노출된 채 저렴한 임금으로 일하던 1,129명의 의류 노동자가 이 건물이 무너지면서 사망했죠. 이에 따라 패스트 패션에 대한 부정적 인식이 강해졌고, 소셜 미디어에서는 '#whomademyclothes누가 내 옷을 만들었나'라는 해시태그가 확산되었습니다. 유행에 따라 가볍게 옷을 소비하는 것이 아니라 옷 한 벌이 생산되기까지의 과정을 돌아보자는 의미였죠. 이에 대한 답으로 의류 노동자의 얼굴을 볼 수 있고 생산 과정의 이야기도 들을 수 있는 '#Imadeyourclothes내가 당신의 옷을 만들었다'라는 연결 해시태그가 등장하기도 했습니다. '#metoo나도 당했다' 운동과 '#withyou당신과 함께' 운동이 해시태그를 통해 확산되어 세계 사람들이 연대할 수 있었던 것처럼 소비문화의 변화 역시 소셜미디어 내에서 시도되고 있습니다.

프라다는 친환경 소재인 에코닐로 가방을 만들면서 영상도 제작

2013년의 방글라데시 라나플라자 건물 붕괴 사건은 패션계의 비윤리적 생산 형태를 비판하는 계기가 되었습니다.

했습니다. 영상에는 플라스틱 폐기물에 대한 심각성과 함께 실제로 가방에 사용된 원재료를 구하는 과정이 담겨 있죠. 결과뿐 아니라 생산 과정도 영상에 담아 기업의 신뢰를 높이고자 한 것입니다. 이들은 에코닐을 통해 지구 온난화에 끼치는 영향을 80퍼센트 줄일 수 있다고 설명합니다.

윤리적 경영을 시도하는 기업의 변화가 어디까지 진심인지 아직은 알 수 없습니다. 친환경을 넘어 '필💧 환경' 시대로 접어드는 가치 변화에 적응하는 과정일 수도 있고, 이윤을 높이기 위한 마케팅 전략일 수도 있죠. 중요한 것은 소비자의 선택입니다. 어떠한 제품을 구입할 것인가? 어떠한 제품을 구입하지 않을 것인가? 소비자의 가치가 이동하는 방향에 따라 기업의 경영 마인드도 변화할 것입니다.

어떤 기술이 세상을 더 안전하고 평화롭게 만들까?

2040년 5월 11일　　　　　　　　다른일보 이미래 기자

응답하라 2020

최근 10대와 20대 사이에서 레트놀로지Retnology 문화가 유행하고 있다. 레트놀로지는 복고를 뜻하는 레트로retro와 기술을 뜻하는 테크놀로지technology가 합쳐진 신조어다. 20년 전의 과학기술을 체험하고 그에 대한 체험기를 공유하는 레트놀로지는 우리나라뿐 아니라 전 세계에서 인기가 높다. 현재 가장 인기 있는 것은 수동 운전이다.

2030년 자율주행 자동차가 완전 정착한 이후 수동 운전은 전면 금지되었다. 자율주행 자동차에도 긴급한 상황에서 조작할 수 있는 수동 운전 기능이 있지만, 수동 운전만으로 움직이는 자동차는 2028년 이후 생산이 중단되었다. 그런데 최근 레트놀로지가 유행하면서, 수동 자동차를 체험할 수 있는 체험 도로가 생기고 있다. 경기도 남양주에 생긴 첫 번째 체험 도로는 교통 표지판, 신호등, 과속단속 카메라 등 20년 전의 교통 시스템을 그대로 구현해 놓았다.

10대들은 20년 전 수동 운전과 교통 시스템이 놀랍다는 반응이다. 사람에게 운전을 맡기는 것이 위험해 보인다는 의견부터 긴장감이 넘쳐서 재미있다는 반응, 스스로 운전대를 잡고 움직이니 자동차에 애정이 생긴다는 의견까지 다양하다.

  과거 논쟁을 불러왔던 과학기술 가운데 현재의 눈으로 보면 가장 황당한 선택으로는 '유전자를 조작하지 않은 아기'를 꼽았다. 불치병을 예방하고, 부모의 우수한 형질을 물려줄 수 있는 유전자 조작은 10년 전부터 합법이며, 성별 선택도 자유롭다. 한때는 인류를 망칠 기술로 알려졌으나 이제는 질병의 고통에서 해방시켜 준 기술로 인식되고 있다.

  한편, 통계 전문 인공지능의 분석에 따르면 레트놀로지는 3.3개월간 유행할 예정이다.

세계를 흔들어 놓은
과학기술

1978년 7월 25일 영국, 루이즈 브라운Louise Brown의 탄생은 전 세계인을 충격에 빠뜨립니다. 루이즈는 인류 최초의 체외수정 아기였기 때문이죠. 체외수정은 난자와 정자를 몸 밖에서 수정해 다시 여성의 몸에 착상시키는 기술입니다. 동물유전학 박사인 로버트 에드워즈Robert Edwards와 산부인과 의사인 패트릭 스텝토Patrick Steptoe는 이 기술을 성공시키기 위해 오랜 기간 연구했죠. 하지만 이 기술은 많은 사람의 우려를 불러오기도 했습니다. 자연의 섭리를 거스른다며 악마의 기술이라고 폄훼하는 사람들도 있었고요. 하지만 난관卵管이 없던 여성 레슬리 브라운Lesley Brown은 체외수정 기술을 통해 임신하고, 건강한 여자 아이 루이즈를 출산합니다. 이후로 두 사람의 병원은 불임 환자에게 희망이 되었어요.

국내에서도 1985년에 체외수정 기술을 통해 쌍둥이 남매가 태어납니다. 1980년대까지만 해도 기술의 불안정성을 들어 우려하는 목소리가 있었지만, 현재는 인류에게 꼭 필요한 기술로 인식되어 대부분의 나라에서 시행되고 있죠. 우리나라에서는 2006년부터 정부가 난임을 겪고 있는 이들에게 지원을 해주고 있어요. 2018년 기준, 전 세계 800만 명의 아기가 체외수정 기술을 통해 태어났습니다. 이제 우려와 비판은 불식되었고, 오히려 희망을 주는 기술로 다가오고 있습니다. 최초의 체외수정 아기였던 루이즈 브라운은 여전히 건강하며, 자연 임신으로 두 명의 아이를 낳은 것으로 알려졌습니다.

새로운 과학기술은 인간의 삶을 전에 없이 변화시킨다는 점에서 커다란 사회적 혼란을 불러일으키기도 합니다. 산업혁명 시대에 일어난 러다이트Luddite 운동은 인간과 기계의 갈등을 보여 준 역사적 사건입니다. 증기 엔진의 발명은 섬유산업에 대대적인 변화를 가져왔고, 그 덕에 인간은 기존의 수공업 기술보다 100배나 빠른 속도로 물건을 만들 수 있게 되었습니다. 섬유 산업에 종사하던 수공업 기술자들은 값싼 노동력으로 대체되기 시작했고, 일자리를 잃었죠. 이들의 분노는 기계 파괴로 이어졌습니다. 1811년부터 시작된 러다이트 운동은 기계를 부수고 공장을 불태우는 등 폭력적인 방식으로 퍼져 나갔어요. 1812년, 영국 정부는 1만 4,000명의 병력을 파견해 시위를 진압했습니다. 관련자 스물네 명이 교수형에 처해지고, 호주로 유배를 당하면서 운동은 종식되었어요.

이후 자동화 기계는 산업 전 분야에서 활용되기 시작했습니다. 거대 공장이 지어졌고, 사람들은 일자리를 찾아 도시로 몰려들었습니다. 농업 종사자는 줄어들었고, 제조업은 점차 확대되었어요. 기계를 부수어 대항하려는 세력도 더는 나타나지 않았죠. 영국 경제는 이를 통해 비약적으로 성장했지만, 노동 환경은 점점 열악해졌습니다. 열 살도 안 된 어린이까지 일하던 당시의 공장 중심 산업화는 과학기술의 명암을 보여 줍니다.

자율주행 기술의 딜레마

2000년대 들어 가장 주목받는 기술이자 논쟁적인 기술 중 하나는 자율주행 자동차입니다. 자율주행 자동차는 운전자의 개입 없이 자동차 스스로 주변 환경을 인식하고 상황을 판단해 차량을 제어하는 기술을 말합니다.

자율주행 자동차의 장점 중 하나는 사고를 줄인다는 점입니다. 교통사고의 원인 94퍼센트가 운전자 실수인 만큼 사람이 운전하는 것보다 안전할 수 있다는 것이죠. 사람과 달리 360도의 시야를 확보할 수 있으며 졸음과 같은 육체적 한계가 없고, 음주운전과 같은 위험한 선택도 하지 않는다는 점에서 자율주행 자동차는 교통사고를 예방하는 데 적합합니다.

공공을 위한 자율주행 자동차가 많아지면 인간이 직접 차를 운전하는 것보다 자율주행 자동차를 이용하는 게 더 효율적일 거예요. 2025년쯤 되면 차를 소유하려는 사람이 드물 것이라는 게 개발자들의 견해죠. 언제 어디서든 자율주행 자동차를 호출해 자가용처럼 이용할 수 있기 때문입니다. 개인 소유 자동차가 줄어들면 주차장으로 사용하던 공간들도 새로운 용도로 활용될 수 있을 겁니다. 또한 새롭게 만들어지는 자율주행 자동차 대부분이 신재생에너지를 활용하는 만큼 대기오염도 줄일 수 있어요.

자율주행 자동차는 2000년대 들어 가장 주목받는 기술이자 논쟁적인 기술 중 하나입니다.

반면 해결해야 할 부분도 있습니다. 시스템 고장으로 인한 사고와 사고 이후 책임 소재의 문제입니다. 미국은 2012년부터 자율주행 자동차를 허용하고 있는데, 이에 따라 크고 작은 사고가 발생하고 있습니다. 2016년 5월에는 처음으로 사망사고가 일어나 충격을 주기도 했어요. 당시 자율주행 중이던 테슬라 차량이 트레일러 트럭과 충돌했는데, 트레일러 트럭의 하얀색을 하늘로 착각해 멈추지 않고 주행했던 것이죠. 미국의 교통안전위원회는 이 사고의 책임이 운전자에게 있다고 보았습니다. 당시 운전자는 자율주행 3단계^{부분 자율주행}로 운전 중이었는데, 운전자가 위험을 감지할 수 있던 만큼 스스로 대응했어야 한다는 판결이었어요.

2018년 3월에는 미국의 승차공유 서비스 기업인 우버^{Uber}의 자율주행 자동차가 사고를 내 보행자가 사망하기도 했습니다. 4단계^{고도 자율주행}로 테스트 운행을 하던 중 발생한 사고였죠. 미국 교통안전위원회는 운전자의 부주의한 운전과 우버의 안전 불감증이 원인이라고 보았지만, 우버는 형사처벌을 받지 않았습니다. 법적 근거가 없기 때문이었죠.

공유경제

자동차를 공유하는 승차공유처럼 소유가 아닌 대여와 차용의 개념에 기댄 경제 형태를 말합니다. 물건이나 공간, 서비스를 빌리고 나눠 쓰는 인터넷과 스마트폰 기반의 사회적 경제 모델로 이해할 수 있습니다.

이런 불안정성이 있는데도 테슬라와 우버를 비롯해 자율주행 자동차 기술을 보유한 기업들은 상용화를 위한 연구를 다양하게 시도하고 있습니다. 위험을 완벽하게 제어할 수는 없지만 이 기술을 통해 얻는 이익이 더 크다고 보는 것이죠.

●●●●●●
과학기술의
양면성

미래를 예측하는 방법 중 하나로 활용되는 STEEP 분석은 세계를 사회Social, 과학기술Technological, 환경Environmental, 경제Economic, 정치Political 분야로 나누어 추론해 볼 수 있게 합니다. 미래를 예측해 보라고 하면 대부분 과학기술을 중심으로 상상하기 쉽지만, 우리가 사는 세계는 다섯 분야로 나눌 수 있으며, 각 분야는 서로 영향을 주며 변화하죠. 새로운 과학기술의 등장은 기술 구현이 가능한가, 가능하지 않은가를 넘어 관련 법규를 갖추었는가, 환경에 대한 영향은 어떠한가, 사회적 분위기는 어떠한가, 경제적 파급력은 어떠한가 등의 요인과 맞물려 변화를 일으키게 됩니다.

좋은 기술, 나쁜 기술을 뚜렷이 나눌 수 없는 것도 이러한 이유 때문입니다. 개발 초기에는 각 기술이 사회에 어떤 영향을 미칠지 정확히 예측할 수 없죠. 특히 복제나 유전자 조작처럼 윤리적 문제를 안고 있는 생명공학 기술의 경우 인류에게 미칠 영향력이 크기 때문에 더욱 논쟁적입니다. 4차 산업혁명의 핵심 기술인 인공지능도 마찬가지입니다. 인류가 한 번도 겪어 보지 못한 사건이기 때문에 예측이 어렵고, 그만큼 위험성도 크다고 보는 것입니다.

뇌와 인공지능을 연결하는 기술도 활발하게 연구되고 있습니다. 인간의 뇌에 인공지능 칩을 심어 외부 기계를 뇌 신호로 직접 다룰 수 있게 만들어 주는 기술이죠. 이를 통해 뇌와 컴퓨터는 서로 정보를 업로드하거나 다운로드할 수 있습니다. 미국의 기업가이자 엔지니어인 일론 머스크Elon Musk가 설립한 생명공학 스타트업 뉴럴링크 Neuralink는 2019년 동물 실험에 성공했습니다. 쥐와 원숭이의 뇌에 인공지능 칩을 이식해 컴퓨터를 제어할 수 있음을 확인한 것이죠. 이 기술이 상용화된다면 인간은 기계와 자유롭게 상호작용할 수 있을 뿐 아니라, 인간끼리의 소통도 뇌파 텔레파시로 이루어질 수 있습니다. 동시에 뇌를 스캔해 사람을 마음을 읽어내거나, 뇌에 저장된 정보를 해킹하는 문제도 생길 수 있죠. 그럼에도 척수 손상으로 사지가 마비된 환자를 걷게 만들 수 있고, 치매 등 다양한 병을 해결할 수 있는 희망의 기술로 여겨지기도 합니다.

이처럼 새로운 과학기술이 낳는 파급력은 당대에는 정확히 평가할 수 없습니다. 자동차도 그렇습니다. 처음 등장했을 때 자동차는 환경오염을 줄여 주는 친환경 기술로 평가받았지만, 50년 후에는 환경 파괴의 주범이 되었습니다.

자동차가 나오기 전까지 인류가 주로 사용한 교통 수단은 마차였습니다. 도시화로 인구가 집중되기 시작하자 거리는 말의 배설물로 뒤덮였습니다. 말 한 마리당 하루 평균 11킬로그램의 배설물을 배출한다고 하니 19세기 도시가 얼마나 더러웠을지 상상해 볼 수 있겠죠. 자동차는 속도와 편리성에서도 획기적이었지만 말 배설물 문제를 해결해 준다는 점에서 친환경 기술의 선두주자였습니다.

　　자동차의 문제는 공기 오염이었습니다. 배설물은 사라졌지만, 배기가스로 공기 오염이 심각해졌고, 사람들은 그에 대한 위험성을 잘 알지 못했어요. 1950년대 중반 미국 로스앤젤리스에 사상 최악의 스모그가 발생했습니다. 이 스모그로 어린 소녀가 사망하기도 했죠. 이후 전 세계는 자동차에서 비롯된 대기 오염의 심각성을 인식하게 되었고, 1970년대부터는 자동차 배기가스를 규제하기 시작합니다. 자동차는 공기를 오염시켰지만, 그로 인해 배기가스를 줄일 수 있는 환경 기술의 발달을 촉진시키기도 했습니다.

　　전통적인 의미의 환경 기술은 환경을 개선할 목적으로 과학적, 공학적 원리를 환경에 적용한 기술을 뜻합니다. 대표적인 환경 기술로는 하수 처리 기술, 폐기물 처리 기술, 배기가스 저감 기술 등이 있어요. 이러한 기술의 발달은 환경 개선과 함께 질병 발생률을 줄여주었고, 거대 도시 시스템을 구축하는 데 도움을 주었습니다. 하지만 이제 인류는 기존의 환경 기술로는 감당하지 못할 새로운 환경 문제와 마주하고 있습니다.

자동차가 뿜어내는 배기가스는 공기를 오염시킵니다. 1970년대 이후 전 세계는 자동차로 인한 대기 오염의 심각성을 인식하고 규제하기 시작했습니다.

플라스틱 쓰레기, 미세먼지, 기후변화는 전 세계가 함께 풀어 가야 할 문제입니다. 각 문제는 경제, 정치, 사회 전반과 맞물려 있기 때문에 한 가지 문제에 하나의 과학기술만 대응해선 해결하기 어렵죠. 문제 해결에 딱 맞는 특정한 과학기술을 찾아 내는 것보다 중요한 것은 과학기술의 파급력을 상상할 줄 아는 거시적 관점입니다. 마차에서 자동차로 전환되던 시기에 하나의 환경문제가 해결되고 새로운 환경문제가 떠오른 것처럼, 모든 기술에는 양면성이 있습니다. 과학기술의 무한한 가능성을 이해하고, 미래의 위기와 기회를 모두 상상할 수 있을 때 대안을 만들어 내는 능력도 기를 수 있어요.

'어떠한 과학기술이 지속 가능한 삶을 가능하게 할 것인가?'에 대한 답은 '인류는 지속 가능한 삶을 위해 과학기술을 어떻게 사용할 것인가?'에 대한 답을 고민할 때 발견할 수 있을 것입니다.

디지털 시대에는 독점이 없을까?

2025년 2월 14일   다른일보 이미래 기자

사랑의 새로운 흐름, 'LOVE IS DATA'

최근 20~30대 사이에서 데이터 소개팅 클라우드인 사랑은 데이터love is data가 인기를 끌고 있다. 데이터 소개팅을 이용하는 방법은 간단하다. 먼저 회원으로 가입한 후, 지정된 클라우드에 자신의 데이터를 넣기만 하면 된다. 용량은 반드시 1TB를 넘어야 하는데, 이 조건만 충족하면 모든 데이터를 업로드할 수 있다. 개인 사진이나 동영상, SNS 데이터처럼 자신의 모습을 드러내는 내용으로 채워도 되지만, 좋아하는 영화, 음악 리스트, 클릭했던 사이트, 관심 있는 연예인 등 취향으로만 채워도 상관없다. 이러한 자율성에도 불구하고 이용객의 90퍼센트는 데이터를 선택해 올리지 않는다. 정제하지 않고 올려도 인공지능이 알맞게 분석해 주기 때문이다.

일산에 거주하는 20대 남성은 자기 자신을 온전히 반영할 수 있다는 점이 데이터 소개팅의 매력이라고 말한다. 자

신의 역사가 담긴 전체 데이터를 업로드함으로써 가장 나다운 모습을 보여줄 수 있고, 이를 기반으로 딱 맞는 사람을 찾을 수 있다는 것이다.

데이터 소개팅을 통해 만남이 성사된 서울의 30대 커플도 각각 10TB의 데이터를 업로드했다. 이들은 혼자의 힘으로는 결코 찾지 못했을 사람을 데이터를 통해 만났다고 감격스러워했다. 커플 성사 이후 과거 우연히 같은 공간에 있던 순간들을 찾을 수 있었는데, 두 사람은 33년간 무려 397회나 스친 것으로 밝혀졌다. 음식점과 카페, 영화관뿐 아니라 같은 시기에 외국에서도 만난 적이 있다는 것이다. 이들은 데이터 커플의 모임인 운명은 데이터destiny is data의 운영자이기도 하다.

가입자가 업로드하는 데이터는 모두 암호화되는 것으로 알려졌지만, 유출의 위험을 우려하는 목소리도 있다. 그럼에도 '사랑은 데이터'의 인기는 날로 높아지는 중이다.

문자가 권력이었던
중세시대

기독교의 성경은 세계에서 가장 많이 팔린 책입니다. 《기네스북》세계 기록에 따르면 현재까지 50억 부 넘게 판매된 것으로 알려져 있죠. 성경은 기원전 1500년부터 기원후 100년까지 1,600년에 가까운 세월 동안 약 마흔 명의 저자가 기록했습니다. 그리스도 탄생 이전의 기록인 구약은 히브리어로, 신약은 그리스어로 쓰여 있어요. 4세기경 기독교가 로마 제국의 국교로 선포되면서 성경은 하나의 언어로 통일됩니다.

로마 제국은 성경을 자신들의 언어인 라틴어로 번역해 공식 성서로 선포합니다. 이를 라틴 불가타Latin Vulgata라고 부릅니다. 중세시대에는 대부분의 사람이 글을 읽거나 쓸 수 없는 문맹이었기 때문에 성경을 읽고 그 내용을 전할 수 있던 주교들은 지식인이자 종교지도자로 존경받았어요. 로마의 주교는 교황으로 추대되었고, 시간이 흐를수록 교황의 권위는 황제만큼이나 강해집니다. 1077년, 신성로마제국의 왕이었던 하인리히Heinrich 4세가 교황 그레고리오Gregorio 7세를 찾아가 용서를 구한 카노사의 굴욕은 중세시대 교황의 권위가 얼마나 컸는지를 보여 줍니다. 그레고리오 7세는 성직자 임명권을 자기에게 넘겨주지 않자 왕을 사면해 버리죠. 왕은 이를 취소해 주길 바라며 교황이 있는 카노사 성으로 찾아가 사흘 동안 금식하며 간청합니다.

이처럼 교황의 권위는 점점 커져 갔고, 종교는 곧 국가를 좌우하는 거대 권력이 됩니다. 이와 함께 라틴어 성경에 대한 권위도 강화되었어요. 성경을 함부로 번역하거나 소장하면 강하게 처벌받았죠. 교황을 중심으로 한 로마 교회는 점차 부를 축적하기 시작합니다. 십자군 전쟁을 일으키는 동시에 면죄부, 즉 천국 입장권을 판매할 정도로 타락해 갑니다. 움베르토 에코Umberto Eco의 소설《장미의 이름Il nome della rosa》에는 중세시대의 참혹한 실상과 종교를 중심으로 펼쳐지는 암투가 잘 나타나 있죠.

1140년 태어난 프랑스인 피터 발도Peter Waldo는 라틴어 성경을 프랑스어로 번역해 대중에게 전파하고자 했습니다. 그는 부패한 기독교를 비판하며 학자들의 도움을 받아 성경을 번역하고 보급하는 데 앞장섰죠. 그의 개혁 의지에 많은 사람이 동참해 '발도파'라는 이름으로 모여들었고, 1179년에는 로마 교황청에 정식으로 인준을 요청합니다. 하지만 로마 교황청은 인준 대신 발도파를 이단으로 규정해 박해를 시작합니다. 그런데도 발도파는 유럽 전역으로 퍼져 나가 비밀 예배를 통해 명맥을 이었습니다. 발도파는 로마 기독교에 대한 도전으로 여겨졌고, 1487년에는 교황이 보낸 군대에 의해 100만 명 이상의 신도가 처형되기도 합니다.

영국의 신학자이자 종교개혁가 존 위클리프John Wycliffe도 라틴어 성경을 영어로 번역해 대중화하려고 했던 인물입니다. 평생 교황청

절대권력의 상징이었던 성경은 마르틴 루터가 이끈 종교개혁 이후 민중의 손에도 쥐어지게 되었습니다.

과 대립하던 그는 사망 44년 후인 1428년 이단으로 규정됩니다. 이로 인해 묻혀 있던 시신을 해하는 부관참시를 당하게 되죠. 이처럼 성경은 사제만이 점유할 뿐 대중에게 보급되는 것을 허용하지 않았습니다. 1517년 마르틴 루터Martin Luther가 종교개혁을 시작하기 전까지 성경은 라틴어라는 장벽으로 봉인된 절대 권력의 상징이었어요.

마르틴 루터가 **종교개혁**을 시작하면서 성경은 전 세계 언어로 번역되어 퍼져 나갔습니다. 인쇄술의 발달과 맞물려 성경은 대량 생산될 수 있었고, 이로써 평신도도 성경을 소장할 수 있게 되었죠. 교황은 기독교의 주인이 아니며, 성경을 독점할 수 없다는 인식이 퍼지면서 새로운 분파가 형성되었는데, 바로 개신교로 알려진 프로테스탄트입니다. 한편 로마 기독교는 종교개혁을 계기로 쇄신해 가톨릭과 정교회로 정착했습니다.

오늘날의 성경은 소수가 점유하는 책이 아닙니다. 오히려 전 세계에서 가장 많이 팔린 스테디셀러로 자리를 잡았죠. 세계성서공회연합회UBS, United Bible Societies의 발표에 따르면, 2016년 12월 말 기준으로 성경은 3,225개 언어로 번역되어 있다고 해요. 한때는 지식인의

종교개혁

16세기 유럽에서 로마 가톨릭교회에 반대하며 일어난 개혁 운동입니다. 마르틴 루터는 돈을 내면 죄를 없애 준다는 로마가톨릭 교회의 면죄부 판매를 비판하면서 〈95개조 반박문〉을 발표했습니다. 이를 통해 비텐베르크대학교의 교수이자 아우구스티노회 수사였던 루터는 종교개혁의 불씨를 당겼습니다.

특권이자 소장하는 것만으로 사형에 처할 정도로 엄격하게 관리되던 성경은 이제 누구나 읽을 수 있는 책이 되었습니다.

......

종이 백과사전에서
위키피디아로

인쇄술이 정착하기 전까지 책은 매우 귀한 물건이었습니다. 동물의 가죽을 사용했기 때문에 재질 자체가 귀했고, 사람이 일일이 손으로 써 완성해야 했기 때문에 만드는 시간도 오래 걸렸어요. 양 한 마리의 가죽을 사용해도 커다란 책의 두 쪽에서 네 쪽 분량밖에 되지 않았죠. 두툼한 책 한 권을 완성하려면 100마리 이상의 양이 필요했다는 뜻입니다. 책에 담긴 지식과 정보는 만드는 과정의 수고로움과 더해져 더욱 귀하게 여겨졌어요. 그래서 예배서 한 권을 땅과 바꾸는 사제도 있었던 거죠.

조선시대에도 책은 귀한 물건이었습니다. 강명관이 쓴《조선시대 책과 지식의 역사》에 따르면, 책이 없어 독서를 하지 못하는 사람에 대한 기록이《중종실록》에 나온다고 해요.《대학大學》이나《중용中庸》같은 책은 상면포 서너 필을 주어야 살 수 있었다고 하는데, 이는 쌀 21말에서 28말에 해당하는 가격입니다. 쌀 21~28말은 논 두어 마지기에서 거둘 수 있는 양이라고 하니 당시 책이 엄청나게 비쌌다는 걸 알 수 있어요. 1500년대 초반에는 현대의 서점과 같은 역할을 하는 서사書肆의 설립을 논의한 기록이 나옵니다. 책을 더욱 널리 보급하려는 의도였지만 1522년 어득강魚得江의 계청은 실패로 돌아가요. 이는 중세의 사제들이 그러했던 것처럼, 지식과 정보를 독점하고자 했던 특권층의 모습을 반영한다고 볼 수 있죠.

백과사전의 편찬과 대중화는 책을 통한 지식의 전달에 중요한 작업이었습니다. 자연과 인간의 모든 활동에 관한 지식을 체계적으로 정리한 책인 백과사전은 온갖 종류의 지식을 가르치고 알리기 위한 목적으로 제작되었어요. 영어로 된 가장 오래된 백과사전인《브리태니커 백과사전Britannica Encyclopedia》은 1768년 스코틀랜드에서 처음 출판되었죠. 이후 200년이 넘는 세월 동안 내용을 보완하며 명맥을 이어갑니다. 세계 각국에서는 자신들의 문화와 상황에 맞는 백과사전을 편찬했어요.

1990년대에 들어 개인용 컴퓨터가 보급되고 인터넷 사용이 가능해지면서 정보를 습득하는 기회는 더욱 많아졌습니다. 인터넷에 떠도는 다양한 정보를 찾아 주는 검색 엔진도 등장했죠. 야후, 구글, 네이버, 다음 등 지금까지 명맥을 이어오는 국내외 기업들도 이때 설립되었습니다. 사람들은 책이 아닌 검색을 통해 지식과 정보를 접할 수 있게 되었어요. 종이로 만든 백과사전 없이도 풍부한 지식을 접할 수 있게 된 거죠. 종이책도 명맥을 유지하지만 전자책, 오디오북 등의 형태로 다양하게 변화합니다.

2001년 1월 서비스를 시작한 위키피디아는 정보 관리와 전달 방식의 변화를 보여 주는 대표적인 사례입니다. 온라인 백과사전이라고 할 수 있는 위키피디아는 기존의 종이 백과사전처럼 완성된 형태의 지식을 전달하는 것이 아니라 누구나 정보를 제공하고 수정할 수 있는 열린 시스템을 도입합니다. 집단 지성의 한 형태라고도 볼 수 있죠. 하지만 이러한 점 때문에 악의적인 의도로 편집이 이루어진 문서나 사실이 확인되지 않은 문서 등 정보의 신뢰성이 떨어지는 문제도 발생했어요. 처음에는 완전한 개방 정책을 시행하던 위키피디아는 몇 차례 사건을 겪으며 보완책을 마련하기 시작합니다. 편집이 불가능한 문서를 지정하거나 로그인을 의무사항으로 두어 누가 편집에 참여했는지 알 수 있도록 하는 등의 노력이었어요.

문서의 신뢰성이 떨어진다는 비판을 받았지만 위키피디아는 크게 성장합니다. 여러 사람이 참여해 지식을 완성해 가는 과정이 재미있고 매력이 있었기 때문이죠. 하나의 지식은 그 자체로 완벽할 수 없고 관점에 따라 달라지거나 시간이 흘러 새롭게 해석될 수 있습니다. 이를 즉시 반영할 수 있는 플랫폼의 유동성은 종이 백과사전이 따라갈 수 없는 부분이었어요. 위키피디아 사용자가 늘어나면서 종이 백과사전의 위상은 점점 떨어졌어요. 2012년,《브리태니커 백과사전》은 244년 만에 출판 중단을 선언합니다. 당시 브리태니커 사의 사장이었던 조지 코즈Jorge Cauz는 브리태니커는 사라지는 게 아니라 인터넷 속으로 들어갈 뿐이라는 말을 남기기도 했어요.

1768년 스코틀랜드에서 처음 출판된《브리태니커 백과사전》은 2012년 출판 중단되었습니다. 250년 가까이 이 세상의 수많은 지식을 담은 이 사전은 인터넷 세상 속으로 들어갔습니다.

디지털 혁명과
빅데이터

미국 위키피디아의 페이지 수는 2020년 3월 기준으로 602만 3,266개입니다. 이를 종이 백과사전으로 환산하면 2,650권에 달하는 분량이에요. 양으로는 출범 5년 만에 브리태니커를 따라잡았지만 질적인 면에서는 **반달리즘**을 겪으며 신뢰가 추락하기도 했습니다. 누구나 문서 편집에 참여할 수 있기 때문에, 전문가가 만드는 백과사전보다 공신력이 떨어진다는 것이죠.

반달리즘 vandalism

공공 재산이나 사유 재산을 고의로 훼손하거나 파괴하는 행위를 말합니다. 위키피디아 등에서 정보를 왜곡하거나 삭제하는 행위는 사이버 반달리즘이라고 합니다.

과학전문 학술지 〈네이처〉는 2005년 12월, 관련 기사를 게재합니다. 《브리태니커》와 위키피디아를 비교 분석한 내용이었어요. 두 지면에서 과학 분야의 항목 50개를 무작위로 선정해 전문가에게 검토를 의뢰한 것인데요, 그 결과 심각한 오류로 판단된 항목은 양쪽 다 네 개씩 같았습니다. 기타 오해의 소지가 있는 내용은 《브리태니커》가 123개, 위키피디아가 162개로, 위키피디아가 조금 더 많았습니다. 문제는 그다음이었어요. 개방적인 시스템을 갖춘 위키피디아는 지적받은 오류를 즉시 받아들여 수정했지만, 《브리태니커》는 수정을 거부합니다. 권위적인 특성과 종이 출판이 갖고 있는 고정성 탓에 오류에 즉각적으로 대응할 수 없었던 거죠. 독자들의 반발이 생기자 수정을 약속했지만 이미 늦은 뒤였어요.

2017년 〈네이처〉에 실린 또 다른 연구 결과는 위키피디아가 연구 논문에도 영향을 미치고 있다는 것을 보여 줍니다. 매사추세츠공과대학교의 혁신과학자 닐 톰슨Neil Thompson 교수가 이끈 연구에 따르면, 과학자들의 논문에서 위키피디아 콘텐츠를 인용하는 사례가 늘고 있다고 해요. 많은 대학에서 위키피디아를 인용할 경우 점수를 낮게 주었는데도 레포트나 논문에서 인용 사례가 계속 늘고 있다는 것이죠. 조사 결과 학생뿐 아니라 연구자들도 위키피디아를 공개적으로 이용하고 있는 것으로 밝혀졌어요.

인터넷을 통한 지식과 정보의 습득이 널리 퍼지면서 정보의 양 또한 기하급수적으로 늘고 있습니다. 스마트폰의 보급과 SNS의 발달은 디지털 정보의 양을 폭발적으로 증가시켰죠. 텍스트를 넘어 이미지, 동영상, 위치 정보 등 정보의 종류는 점점 다양해지고 있습니다. 빅데이터Big Data 시대가 도래한 것입니다. 빅데이터는 기존 방식으로 저장, 관리, 분석하기가 어려운 큰 규모의 자료를 뜻합니다. 기존에도 방대한 데이터가 있었지만 디지털 자료가 아니었기 때문에 분석해 활용하는 데는 한계가 있었어요. 2000년대 이후 IT 혁명이 일어나면서 디지털 자료가 증가했고, 이에 따라 다양한 데이터를 수집해 분석하기가 쉬워진 거죠.

빅데이터는 사람의 행동 패턴을 분석해 정보를 제공합니다. 때문에 마케팅에 적극적으로 활용되죠. 개인의 인터넷 사용 방식을 분석해 그 사람에게 딱 맞는 정보를 제공해 주는 것입니다. 성별, 나이,

빅데이터는 성별, 나이, 사는 곳 등 기본적인 개인정보뿐 아니라 검색어, 위치 정보, SNS 게시물 등 다양한 자료의 관련성을 찾아 패턴을 만듭니다.

사는 곳 등 개인의 기본 정보뿐 아니라 검색어, 위치 정보, SNS 게시물 등 다양한 자료의 관련성을 찾아 패턴을 만듭니다. 인터넷 검색 기록, 친구와의 대화, 의료 기록, 위치 기록, 금융 기록 등 매우 사적인 데이터도 끊임없이 흔적을 남기죠. 자기도 모르는 사이 정보가 생성되고, 때로는 공개되는 것입니다. 이에 따라 개인정보 침해 및 유출 문제가 심각해지고 있습니다.

빅데이터와 함께 경제 패러다임도 변화하고 있습니다. IT 기반 플랫폼 기업들이 세계 최고 기업으로 부상한 것이죠. 전 세계 시가 총액 최고 기업을 비교해 보면, 2009년 두 개뿐이었던 IT 기업은마이크로소프트, 알파벳, 2019년에는 일곱 개로마이크로소프트, 애플, 아마존, 알파벳, 페이스북, 알리바바, 텐센트 늘어납니다. 빅데이터를 적극적으로 활용하는 기업들이죠. 실제로 IT 기업들을 중심으로 정보가 편중되고 있습니다. 디지털 시대는 개방된 플랫폼의 활용으로 집단지성의 가능성을 보여 주었지만, 역설적으로 정보 독식의 문제를 낳고 있는 것입니다. 대표적인 기업 구글알파벳은 2020년 1월 기준, 세계 검색 엔진의 92.51퍼센트를 점유하고 있습니다. 21세기 인류는 정보와 지식을 습득하기 위해 책을 사는 대신 '구글링googling'을 하게 되었죠.

정보 편중 사례는 위키피디아에서도 발견할 수 있습니다. 2018년 위키미디어재단이 조사한 바에 따르면, 위키피디아를 비롯해 여러 위키 프로젝트에서 기여자 중 여성 비율은 9퍼센트뿐이었습니다. 또한 2014년 기준으로 인물 정보 중 여성 인물은 15퍼센트밖에 안

되었죠. 성별의 격차와 함께 서구 중심이라는 비판도 있습니다. 서유럽과 미국에서 성장세가 큰 만큼 서구의 역사, 문화를 중심으로 문서가 작성되고 있다는 것입니다. 특히 20~30대 백인 남성이 편집을 주도하는 것으로 알려져 있어요. 개방성은 있되 다양성은 부족하다는 평가를 받는 이유입니다.

영국 임페리얼칼리지의 물리학자인 제스 웨이드Jess Wade도 이러한 문제의식을 갖고 있었습니다. 웨이드 박사는 위키피디아의 정보가 편중되어 있다고 생각했죠. 그녀는 위키피디아 안에 여성 과학자에 대한 정보가 부족하다는 것을 깨닫고 스스로 페이지를 만들기 시작합니다. 2020년 기준으로 900개가 넘는 페이지를 작성했어요. 웨이드 박사가 위키피디아 페이지를 통해 재조명한 여성 과학자는 수없이 많은데, 그중 아프리카계 미국 수학자인 글래디스 웨스트Gladys West 박사가 대표적이라고 할 수 있습니다. 미국의 위성위치확인시스템GPS을 개발한 수학자 팀의 팀원이었던 웨스트 박사는 위키피디아를 통해 소개된 후 미국 공군이 선정하는 명예의 전당에 오르기도 했어요. 제스 웨이드는 2019년 영국을 대표하는 위키미디언Wikimedian 상을 받습니다. 노벨 물리학상 수상자 도나 스트리클런드Donna Strickland 교수의 페이지가 존재하지 않았을 만큼 성 편중이 심했던 위키피디아는 다양성 측면에서 조금씩 진화하고 있습니다. 2020년 기준, 위키피디아의 여성 인물 관련 문서는 약 18퍼센트입니다.

빅데이터는 그 방대한 양만큼이나 활용할 분야도 무한합니다. 어떻게 사용하느냐에 따라 조지 오웰George Orwell의 소설《1984》에 등장하는 감시자 '빅브라더Big Brother'가 될 수도 있고, 전 지구적 문제를 해결해 주는 열쇠가 될 수도 있죠. 16세기의 철학자 프랜시스 베이컨Francis Bacon이 말한 "아는 것이 힘이다Knowledge is power"는 21세기의 해커 집단 어나니머스Anonymous에 이르러 "아는 것이 자유다Knowledge is free"로 변형됩니다. 한때는 특권층만 접근할 수 있던 정보는 과학기술의 혁신과 함께 대중에게 확산되고 있어요. 미래라는 빈 페이지는 끊임없는 토론을 거쳐 수정될 것입니다. 권위 있는 지식인의 가르침을 넘어, 사회 구성원이 함께 대안을 만들어 낼 때, 인류는 새로운 과학혁명에 동참할 수 있지 않을까요.

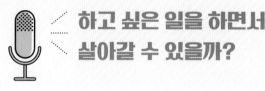

하고 싶은 일을 하면서
살아갈 수 있을까?

2035년 12월 2일   다른일보 이미래 기자

사라지는 주 3일제 근무

2036년부터 새로운 노동법을 도입함에 따라 현재 시행되고 있는 주 3일제 근무가 완전히 사라질 전망이다. 2015년까지만 해도 OECD 가입국 중 노동 시간이 가장 길었던 한국은 자살률 1위라는 불명예와 함께 사회 전반에 변화가 필요하다는 지적을 받아 왔다. 2015년 이전까지만 해도 멕시코에 이어 2위를 기록했지만, 2015년 1위를 차지하며 충격을 주었다. 당시 우리나라의 연간 평균 노동 시간은 2,285시간으로 OECD 평균 노동 시간인 1,770시간보다 515시간이 길었고, 가장 낮은 순위인 독일보다는 914시간이 길었다. 이 시간을 날짜로 계산하면 1년 중 38일 이상을 독일 사람보다 더 일한 것이다.

자동화 무인 시스템이 늘어나고, 재택근무가 발달하면서 노동 시간에 대한 문제는 자연스럽게 줄어들었다. 2025년, 정부는 노동 시간이 주 38시간을 넘지 못하도록 규제하는 한편 탄력 근무제를 사회 전반에 도입했다. 특별한 이유가 없이는 출근을 강제하지 못하게 하는 한편, 출근이 필요한 업종은 주 4일을 넘지 않도록 했다. 더불어 유급 육아 휴직은 업종과 성별에 상관없이 최소 1년으로 도입했다.

10년이 지난 지금 노동 시간은 주 30시간으로 줄어들었다. 직업의 45퍼센트가 자동화되면서 출근이 꼭 필요한 직업도 사라졌고, 재택근무가 완전히 자리 잡았다. 이제 청년들은 글로벌 기업에 온라인 입사해 대면 한 번 없이 업무를 하는 것이 당연시되고 있다. 문서상 기재되어 있던 주 3일제 지침도 내년이면 삭제될 예정이다. 그럼에도 우리나라는 OECD 노동시간 순위 11위에 머물고 있다.

2036년 주목하는 직업은 인공지능 로봇과 인간의 협업을 돕는 RH커뮤니케이터, 사이버 공간에서 외교 업무를 하는 온라인 외교관, 법·의료·정치 등 전문 영역의 문제를 발견하고 해결하는 시민 감시 단체 등으로 나타났다.

신분제도와
직업

부모의 신분을 그대로 물려받은 조선시대에는 직업의 선택 또한 자유롭지 못했습니다. 양반, 중인, 상민, 천민의 신분이 뚜렷했기 때문에 각 신분에 맞는 직업을 선택해야 했죠. 조선의 관리 임용 제도인 과거제도는 양반이 아니어도 시험을 볼 수 있었지만, 고위 관직으로 등용되는 데는 신분의 제약이 존재했습니다. 또한 천민은 시험을 볼 수 있는 기회조차 없었죠.

노비 출신 과학자 장영실의 등용은 매우 특별한 일이었습니다. 그는 세종대왕의 총애를 받아 파격적인 신분 상승을 했을 뿐 아니라 왕실에 소속되어 자격루, 앙부일구, 측우기 등을 만들었습니다. 현대의 관점으로 보면 장영실의 직업은 과학자입니다. 하지만 왕실에서 일할 기회가 없었다면 그는 평생 노비로 살아야 했을 거예요. 조선시대의 직업은 신분이 주어지는 것처럼 수동적으로 부여되는 경우가 많았습니다. 신분은 직업을 선택할 때 개인의 능력이나 적성보다 훨씬 중요한 요소였어요.

사농공상士農工商은 조선시대의 직업 구조를 보여 주는 용어인 동시에 신분의 순서를 보여 주는 말입니다. 사대부를 뜻하는 사, 농민을 뜻하는 농, 물건 만드는 사람을 뜻하는 공, 장사하는 상인을 뜻하는 상은 조선시대의 경제를 책임지던 주요 직업군을 의미하죠. 문제는 뒤로 갈수록 천하게 여겨졌다는 거예요. 상인은 다른 직업보다 사회적인 인식이 좋지 않았습니다.

조선시대는 농업을 귀하게 여기는 농본사회였습니다. 농민들이 거두는 수확물과 그를 바탕으로 한 공출물이 나라를 운영하는 재원이기 때문이었죠. 양반들은 노동을 전혀 하지 않았기 때문에 자신들의 땅을 일궈 줄 농민이 필요했고, 소작농들은 농사를 지어 양반에게 수확물을 바쳤습니다. 자신의 땅에서 농사를 짓는 자작농도 있었지만, 이들의 토지 또한 근본적으로는 국가 소유였기 때문에 수확물을 세금 명목으로 제공해야 했어요. 확실한 세금을 얻기 위해서는 일정 비율 이상의 농민이 필요했고, 농민들이 상인으로 빠져나가는 것을 막아야 했습니다. 이러한 인식이 사농공상의 신분 차이를 만드는 하나의 원인이었죠.

이처럼 조선시대는 신분제도 아래서 직업의 귀천을 구분하는 사회였습니다. 엄격한 신분제도 체제에서는 소수에게만 혜택이 돌아갈 수밖에 없고, 대다수 백성은 쉬지도 못한 채 일을 해도 가난의 고통에 시달렸습니다. 설사 경제적으로 여유가 생기더라도 대물림되는 신분의 차별에서 벗어날 수는 없었습니다. 조선시대에 직업이란 주어진 운명에 가까웠던 거죠.

산업구조의 변화와
직업

우리나라 역사에서 농업은 국가의 경제적 근간을 책임지는 중요한 산업 분야였습니다. 부모님의 농지를 물려받는 것은 자연스러운 일이었고, 그만큼 직업 농민도 많았죠. 1963년, 우리나라의 농림수산업 취업자 비중은 전체 인구의 63.1퍼센트를 차지했습니다. 하지만 1960년대 중반부터는 제조업 중심의 2차산업 비중이 늘어나며 농업 인구가 점차 줄어들기 시작했어요. 급속한 산업화에 따라 1차산업 취업 비중은 50퍼센트 이하로 떨어지고, 1979년에는 35.8퍼센트까지 떨어집니다. 반면 제조업 중심의 2차산업 비중은 23.7퍼센트로 증가하죠.

정부는 산업화 전략에 따라 교육 제도도 대폭 개선합니다. 제조업에 필요한 고급 노동력을 키워내기 위해 기술훈련센터, 기술공업고등학교 및 전문대학교 등을 신설하죠. 또한 한국과학기술연구원 KAIST의 전신이 되는 한국과학기술연구소와 한국과학원을 설립해 전문가를 키우기 위한 노력도 기울입니다. 이러한 정부의 정책은 직

1차산업과 2차산업

1차산업은 땅, 숲, 바다 등 자연환경에서 필요한 자원을 얻거나 생산하는 산업입니다. 농업, 임업, 수산업 등이 있습니다. 2차산업은 1차산업에서 얻은 생산물이나 자원을 가공해 제품이나 에너지를 생산하는 산업을 뜻합니다. 여기에는 광업, 제조업, 건설업 등이 있습니다.

업 구조에도 영향을 미칩니다. 제조 공장이 지어지면서 공장 노동력이 대거 필요해졌고, 사무직과 서비스직도 많아졌죠.

청년들은 도시로 모여들었습니다. 1959년 200만 명이던 서울 인구는 1968년 400만 명이 되었고, 1978년 800만 명으로 늘어납니다. 도시에 인구가 집중되면서 대중교통 이용객도 늘어났고, 이와 관련된 새로운 직업도 생겨났어요. 여성 버스 차장은 당시 사회의 특징을 보여 주는 대표적인 직업입니다. '버스 안내원'으로 더욱 잘 알려진 이 직업은 1920년대에 버스의 도입과 함께 나타났다가 해방 이후 사라졌고, 1961년 다시 생겼어요. 이들이 하는 주요 업무는 차비를 받고 내릴 곳을 안내하는 일이었죠. 당시에는 교통카드 시스템도, 안내방송도 없었기 때문에 이들 없이는 버스 운영이 어려웠습니다. 버스 안내원들은 버스가 꽉 차 더 탈 수 없을 때는 사람을 밀어 넣는 일도 했고, 자기가 탈 공간이 없을 때는 문에 매달려 가는 위험한 상황도 벌어졌어요.

인구가 급증한 도시에서 버스 안내원은 꼭 필요한 존재였습니다. 국가기록원의 통계 자료에 따르면, 1960년에 1만여 명이던 버스 안내원은 1971년 3만 3,000명이 넘었다가 전성기에는 5만 명까지 늘었다고 해요. 하지만 지하철 개통, 자가용 증가, 안내방송 시스템 정착 등 변화가 일어나면서 역할이 줄어들게 됩니다. 1980년대 중반부터는 그 숫자가 급격히 줄어들었고 1989년 안내원을 의무적으로 태우도록 한 '자동차 운수 사업법' 33조가 삭제되면서 완전히 사라진 직업이 되고 맙니다.

공장 노동자나 버스 안내원은 노동 환경은 열악하고 보상은 적었지만 1960~1970년대에는 젊은 여성들이 가장 선호하는 직업 중 하나였습니다. 당시 여성들은 직업 선택권이 많지 않았기 때문에 여성을 고용하는 두 직종으로 몰릴 수밖에 없었죠. 여공과 버스 안내원의 평균 연령은 열여덟 살이었습니다. 생계를 위해 여성들은 학업 대신 직업 전선으로 뛰어들었죠.

1980년대 중반부터는 컴퓨터의 보급과 함께 정보화 시대로 접어듭니다. 이와 함께 컴퓨터와 관련된 직업이 늘어났고, 정보·통신·금융 분야가 유망 직종으로 새롭게 떠오릅니다. 1995년에는 대학 진학률이 51.4퍼센트를 넘어섭니다. 육체노동보다는 정신노동을 하는 화이트컬러 직업이 늘어났고, 전문직 비율도 증가했습니다. 서비스업과 관련한 직업도 늘어났죠. 사회가 변화하고 교육 수준이 높아지면서 직업은 점차 다양해졌고, 선택의 폭도 넓어집니다.

시대별로 선호하는 직업을 보면 사회 변화를 읽을 수 있습니다. 권투 선수, 타이피스트, 서커스 단원, 전화 교환원, 전차 운전사, 다방 디제이, 가발 기술자, 버스 안내원, 전당포 업자는 1950~1970년대 가장 인기 있는 직업이었습니다. 하지만 현재는 사라졌거나 관심 있는 직업이 아니죠. 과학기술의 발달, 문화생활의 다양화, 사회 인식 변화 등 여러 가지 이유로 직업들은 생기거나 사라졌습니다.

반면 새롭게 생겨난 직업들도 있습니다. 2000년대에 등장한 프로

2000년대에 등장한 프로게이머는 온라인 게임의 발달로 부상한 직업입니다.

게이머는 온라인 게임의 발달로 부상한 직업입니다. 처음 등장했을 때만 해도 낯선 개념이었던 프로게이머는 이제 전문 직업인으로 자리를 잡았죠. 온라인 게임은 이스포츠e-sport로 분류되어 전 세계인이 참가하는 큰 규모의 경기를 정기적으로 펼치고 있습니다.

콘텐츠 크리에이터는 인터넷 플랫폼의 발달과 함께 생긴 새로운 직업입니다. 스스로 동영상 콘텐츠를 제작해 인터넷에 공유하는 크리에이터는 2019년에 초등학생들이 가장 선호하는 직업 5위 안에 들기도 했습니다. 자신이 만든 영상을 전 세계 사람들과 실시간으로 공유할 수 있는 플랫폼의 발달과 스마트폰의 등장은 동영상 콘텐츠의 영향력을 더 크게 만들었죠. 수익 창출이 가능해지면서 크리에이터는 하나의 직업으로 자리 잡았고, 동영상을 찍고 편집하고 디자인하는 연계 직업도 늘어났습니다. 이제는 1인 방송을 넘어 만드는 과정을 분업화하고 전문화하는 수준이 된 것입니다.

4차 산업혁명은 이러한 변화의 흐름 속에서 등장한 용어입니다. 인터넷과 정보통신에 기반을 둔 디지털 혁명이 3차 산업혁명이라면 4차 산업혁명은 인공지능, 빅데이터 등 디지털 기술로 촉발되는 초연결 기반의 지능화 혁명을 뜻합니다. 로봇 기술, 나노 기술, 생명공학 등 이전에 없던 다양한 기술도 포함되죠. 인간이 해오던 대부분의 일을 기계가 대신할 수 있게 되기 때문에 많은 일자리가 사라질 거라는 전망을 하고 있어요. 미래의 직업에서 4차 산업혁명은 중요한 화두입니다.

미래의
직업 세계

사회 변화는 직업에 큰 영향을 미칩니다. 사회가 변하면서 필요한 분야가 생겨나고, 그 분야에 맞는 직업군이 형성되기 때문이죠. 미래의 직업도 마찬가지입니다. 자신이 원하는 것이 무엇인지 탐색하는 한편, 사회의 흐름을 읽는 것도 중요해요. 현재의 뚜렷한 추세 중 하나는 직업이 점차 다양해지고 있다는 것입니다. 2016년 기준, 우리나라의 직업 종류는 1만 5,715개입니다. 2011년에 1만 1,655개였으니 5년 사이 4,000개가 넘는 직업이 생긴 셈이죠. 2010년 미국에는 3만 653개의 직업이 있습니다. 한국고용정보원이 두 나라의 직업을 비교한 결과 우리나라에는 없고 미국에만 있는 직업은 140개에 그쳤습니다. 그런데 왜 직업의 개수는 두 배 이상 차이가 날까요?

미국 직업의 71.4퍼센트는 우리나라에도 비슷한 유형이 있긴 하되 더 세분화되어 있어 정확히 연결할 수는 없는 직업들입니다. 다시 말해 우리나라에도 비슷한 직업이 있긴 하지만 아직은 알맞은 명칭을 찾지 못했거나, 정식 직업으로 인정받지 못했다는 뜻이죠. 동물 관련 직업들이 반려동물 행동 전문가, 반려동물 장의사, 반려동물 사진작가, 반려동물 옷 디자이너 등으로 세분화되고 정식 명칭이 부여된 것처럼 미래에는 현재 있는 직업군이 더 잘게 나누어지고 전문성이 필요할 것으로 보입니다.

'애완견'에서 '반려견'으로 용어가 변화하는 것도 새로운 직업의 등장과 무관하지 않습니다. 가까이 두고 귀여워하는 동물에서 함께 살아가는 동물로 인식이 전환되면서 동물을 대하는 태도 전반에 변화가 일어났죠. 이와 함께 동물에 대한 지식과 전문성이 필요하게 되었습니다. 이처럼 새로운 직업은 산업구조나 과학기술의 영향뿐 아니라 동물권 신장을 비롯해 시민 의식의 성장과 함께 탄생하기도 합니다.

세계경제포럼WEF, World Economic Forum

저명한 기업인, 경제학자, 저널리스트, 정치인 등이 모여 세계 경제에 대해 토론하고 연구하는 국제 민간 회의입니다. '세계경제올림픽'으로 불릴 만큼 권위와 영향력이 있어요. 매년 1월에서 2월 사이 스위스의 휴양 도시 다보스에서 열리기 때문에 '다보스포럼'이라고도 불려요.

한편 직업의 종류가 다양해지는 속도보다 기존 직업이 사라지는 속도가 더 빠를 것이라는 예측도 있습니다. 2016년 1월 스위스 다보스에서 열린 세계경제포럼에서 〈직업의 미래The Future of Jobs〉라는 보고서가 발표되었습니다. 미국 뱅크오브아메리카Bank of America와 영국 옥스퍼드대학교 연구팀이 함께 조사한 것이었죠. 보고서는 4차 산업혁명의 변화가 직업에 미칠 영향을 분석해 2020년까지 최소 510만 개 이상, 최대 710만 개의 일자리가 사라질 것이라고 예측했습니다. 사라질 직업군 1위는 일반적인 화이트칼라 사무직이었고, 제조·생산직이 2위였습니다. 동시에 200만 개의 일자리가 새롭게 생겨날 것이라고도 전망했습니다. 관련 일자리 분야는 경영·재무, 관리·감독, 컴퓨터·수학 관련직 순이었죠. 하지만 사라지는 일자리가 더 많다는 결론이었습니다.

이에 따라 전 세계 7세 어린이의 65퍼센트는 지금 존재하지 않는 직업을 가질 것이라고 발표했습니다. 보고서의 내용이 현실이 된다면 지금 있는 직업을 적성에 따라 연결해 주는 진로 교육으로는 미래에 대한 준비가 충분하지 않을 것으로 보입니다. 절반 이상의 아이들은 지금은 없는 직업을 선택해야 하니까요.

이 보고서는 우리나라에서도 많은 화제가 되었습니다. 4차 산업혁명에 대한 관심과 함께 기계에게 자신의 직업을 빼앗길지도 모른다는 위기의식이 생겨났죠. 그런데 2년 후인 2018년 발표한 보고서 〈직업의 미래 2018The Future of Jobs 2018〉에는 기존의 내용과 조금 다른 전망이 담겼습니다. 2016년과 달리 사라지는 일자리보다 새로 생기는 일자리가 더 많아진다는 것이었죠. 2022년까지 약 7,500만 개의 일자리가 사라질 테지만 기계와 컴퓨터 인공지능 알고리즘이 해결책을 제시해 약 1억 3,300만 개의 새 일자리를 도출해 낼 것이라는 내용이었습니다.

미래에 일자리가 줄어들 것인지, 늘어날 것인지에 대한 의견은 여전히 분분합니다. 거스를 수 없는 흐름은 4차 산업혁명으로 대변되는 새로운 과학기술의 등장과 그로 인한 직업의 변화입니다. 많은 상점에 무인 계산대가 늘고 있는 것처럼, 단순 업무는 이미 자동화 기술로 빠르게 대체되고 있습니다.

2013년 옥스퍼드대학교에서 발표한 〈고용의 미래The Future of

4차 산업혁명 이후 직업의 구조와 형태는 큰 변화를 맞을 것으로 예상됩니다. 인류는 어떤 일을 하며 살아가게 될까요?

Employment〉 보고서의 필자들은 텔레마케터, 시계 수리공, 스포츠 심판, 회계사, 택시 기사 등이 20년 안에 로봇으로 대체될 가능성이 높은 직업이라고 보았습니다. 프로그래머, 경제학자, 판사처럼 전문직으로 분류되는 직업도 대체 가능 직업에 포함되어 있었죠. 가장 창의적인 직업으로 분류되는 미술가, 음악가, 작가 등 예술가의 작업이 인공지능 기술로 시도되고 구현되는 것을 보면 인간이 할 수 있는 대부분의 직업은 기계로 대체될 가능성이 큰 것이 사실입니다. 그렇다면 인류는 어떤 일을 하며 살아가야 할까요?

《노동 없는 미래Why The Future Is Workless》의 저자인 팀 던럽Tim Dunlop은 비슷한 질문을 던지고 있습니다. "기계가 인간이 할 수 있는 거의 모든 일을 할 수 있다면, 인간은 어떤 일을 해야 할까?" 이에 대한 대안으로 그는 기본소득을 제안합니다. 생계는 기본소득으로 책임질 수 있기 때문에 직업을 찾는 기준과 일을 하는 이유도 달라지겠죠. 팀 던럽은 기본소득이 시행되는 사회에는 노동자와 고용주가 동등한 관계를 유지할 것이며, 고용 시스템에서 불리한 여성의 지위도 향상될 것으로 전망합니다. 일하지 않아도 살 수 있다는 관점의 전환은 기본소득과 같은 사회복지 제도에 대해서도 새롭게 생각할 기회가 될 것입니다.

> **기본소득**
>
> 국가나 행정기관이 모든 구성원에게 아무 조건 없이 정기적으로 지급하는 소득을 말합니다. 특별한 심사나 조건을 요구하지 않고 모든 개인에게 지급하죠. 모든 구성원의 적절한 삶을 보장한다는 점에서 보편적 복지의 기초입니다.

과거 신분 사회에서 현재 일어나고 있는 4차 산업혁명까지, 인류는 역사의 흐름과 함께 다양한 직업 변화를 겪어 왔습니다. 제도 변화, 과학기술 발달, 산업 구조 변동 등 사회가 변하면서 직업도 달라졌습니다. 단지 직업의 종류만 바뀐 것이 아닙니다. 직업을 대하는 태도와 관점 또한 꾸준히 변화했죠. 조선시대에는 주어진 신분에 따라 직업을 부여받는 것이 당연했어요. 근대 사회로 접어들면서 농업 중심 사회에서 제조업과 서비스 산업으로 이동하며 직업관은 크게 바뀌었습니다. 이후 도시화와 문화 변화, 높은 교육 수준에 맞춰 1990년대에는 직업 선택의 폭도 크게 넓어졌어요.

지금도 사회상에 맞는 새로운 직업이 계속 만들어지고 있죠. 여태까지는 '자신에게 맞는 좋은 직업이 무엇인가?' '어떻게 하면 좋은 직업 환경을 만들 수 있는가?'를 고민해 왔다면 이제는 조금 다른 관점으로 질문을 던질 때가 되었습니다. 일자리가 사라진 사회에서도 인류는 잘살 수 있을까요?

2012년 미국 캘리포니아대학교 샌타바버라 캠퍼스의 심리학자가 발표한 연구 결과에 의하면 지루함은 창의력을 향상시키는 요소라고 합니다. "벽돌과 같은 일상적인 물건을 창의적으로 활용할 수 있을까?"라는 질문을 던진 후 진행한 연구 결과입니다. 두 그룹으로 나누어 진행한 실험에서, 한 그룹에게는 매우 단순하고 지루한 게임을 시키고, 다른 한 그룹에게는 생각을 자극하고 집중력이 필요한 게임을 하도록 했어요. 게임 직후 더욱 창의적인 아이디어를 낸 쪽은 지루한 게임을 한 그룹이었습니다. 지루함이 쓸모없는 시간이 아니라 생각의 여유를 만들어 줄 수 있다는 것을 보여 준 결과였죠.

　로봇과 함께 살아가는 것은 인류가 한 번도 겪어 보지 못한 일이기에 낯선 위협으로 다가옵니다. 직업을 잃을 수 있다는 걱정이 들기도 하고요. 하지만 로봇이 일을 대신한다면 인류는 그만큼의 시간을 얻게 됩니다. 그때 인류는 그동안 잊고 살았던 생각하는 사람, 호모 사피엔스 본연의 모습으로 돌아가 깊이 성찰하는 시간을 가질 수 있을 거예요. 돈을 버는 것이 주된 목적인 일, 생계를 유지하기 위해 어쩔 수 없이 하는 일이 아닌, 자기 자신을 돌아보고 인생의 의미를 탐색하는 기회로 직업을 활용할 수 있을 겁니다. 로봇과의 공존은 인간의 한계를 깨고 새로운 모습을 발견하는 기회가 될지도 모릅니다. 그때 미래의 인류에게 주 5일제는 사농공상의 차별만큼이나 낯설게 다가오지 않을까요?

미래학자들이 분류한 네 가지 미래

미래 연구의 핵심은 다양한 미래의 가능성을 이해하고 받아들이는 것입니다. 하나의 정답을 찾으려고 노력하기보다는 다양한 미래를 상상하면서 미래를 준비하는 것이죠. 미래를 다양하게 상상할 수 있다는 것은 미래에 대한 대비 역시 다양하게 할 수 있다는 것을 뜻합니다. 내가 전혀 상상하지 못한 미래가 오면 누구나 당황합니다. 때로는 충격을 받기도 하죠. 이러한 충격을 줄여 주고 미래를 유연하게 대비할 수 있도록 돕는 것이 미래 연구예요. 그렇다면 미래는 어떻게 연구하고 예측할 수 있을까요?

· 하와이미래학연구소의 네 가지 미래

미국 하와이미래학연구소에서는 다양한 미래를 네 가지로 분류해 제시합니다. 이 연구소의 소장인 미래학자 짐 데이터Jim Dator 교수는 영화나 소설 속에 등장하는 미래, 연구 결과, 뉴스, 사람들이 상상하는 미래 등 다양한 자료들을 분석해 미래를 분류했어요.

첫 번째 미래인 '중단 없는 성장 사회Continued Growth'는 인구가 늘어나고 경제발전 역시 계속되는 미래입니다. 현재까지의 상승세가 앞으로도 꺾임 없이 지속될 것이라는 예측이에요. 과학기술이 발달 했고 경제적으로도 부유하며 최고의 자리를 두고 경쟁이 치열한 사회입니다. 1퍼센트의 엘리트가 전체 사회를 이끌어 갑니다.

두 번째 미래인 '붕괴 사회Collapse'는 인류가 어떤 사건이나 계기를 맞아 인구가 급격히 줄고 발전 역시 멈추는 미래입니다. 그 원인으로는 문명을 멸망시킬 정도로 거대한 자연재해나 전쟁, 방사능 유출, 세계적인 전염병 등을 생각할 수 있겠죠. 이 미래에서는 어쩌면 아예 인류가 존재하지 않을지도 모릅니다. 하지만 지구의 입장에서 보면 환경오염을 초래하는 인류가 사라지는 것이 절망적이지만은 않겠죠.

세 번째 미래인 '보존 사회A Diciplined Society'는 위기가 발생하는 지점에서 노력을 기울여 현상을 유지하는 미래입니다. 이 미래에 살고 있는 사람들은 환경과 지속 가능한 발전을 위해 한마음으로 힘을 합쳐요. 그래서 사회적 합의와 절제가 매우 중요합니다. 한편으로 공통의 규율을 이행하느라 개인의 자유가 억제될 수 있습니다.

마지막 '변형 사회A Transformational Society'는 인간이 극도로 발달한 과학기술을 활용해 새로운 인류로 재탄생하는 미래입니다. 이 미래에 살고 있는 존재들은 로봇, 인공지능, 복제인간, 사이보그, 외계인, 트랜스휴먼, 포스트휴먼 등 다양합니다. SF 영화에서처럼 가상과 현실이 뒤섞인 세상이 될 수 있습니다.

이처럼 네 가지 미래는 매우 다른 모습을 하고 있어요. 그렇다고 더 좋은 미래, 나쁜 미래로 구분할 수는 없습니다. 모든 미래는 추구하는 가치가 다르고, 특징도 다르기 때문에 서로에게 대안이 되어 줍니다. 붕괴 미래조차도 그런 역할을 해요. 붕괴 미래 시나리오는 현재의 문제점을 드러내고 이에 대한 경고 메시지를 주거든요.

• 내가 예측하는 미래, 살고 싶은 미래

여러분은 네 가지 미래 중 어느 미래가 우리 사회와 가깝다고 생각하나요? 그리고 그 가능성과 상관없이 어느 미래에 살고 싶은가요? 우리는 이것을 각각 '가능미래', '선호미래'라고 부릅니다.

가능미래와 선호미래가 같은 사람도 있지만, 어떤 사람들은 두 미래가 다르기도 해요. 예를 들어 내가 살고 싶은 것은 중단 없는 성장 사회인데 붕괴 미래가 올지도 모른다고 생각하는 거죠. 사회가 끌고 가는 힘과 내가 가고 싶은 방향이 다르면 갈등이 일어납니다. 이러한 갈등은 미래 진로를 탐색해 갈 때 당연한 과정이기도 해요. 다만 내가 어느 미래에 살고 싶은지, 어느 미래가 올 것 같은지를 생각하며 갈등을 헤쳐 나가는 것과 이유도 모른 채 무작정 갈등을 겪는 것은 차이가 있습니다. 네 가지 미래 중 어느 미래든 올 수 있다는 것을 유연하게 받아들일 때 어떠한 미래든 대응할 수 있는 힘을 얻게 됩니다. 또한 마음에 드는 미래를 찾으면 행동과 생각을 일치시킬 수 있어요. 그러면 여러분의 선택에도 자신감을 가질 수 있어요.

미래 뉴스 쓰기

미래 시나리오 작성은 미래 연구 방법론 중 하나입니다. 미래에 일어날 수 있는 여러 가지 상황을 스토리 형식으로 전달해 미래의 다양한 모습을 이해할 수 있게 도와주죠. 미래 시나리오가 처음으로 활용된 것은 제2차 세계대전이었습니다. 미국 공군이 적군의 행동을 예측하고 대비하기 위해 마련한 것이 미래 시나리오였어요. 이때 시나리오 기법을 개발했던 허먼 칸Herman Kahn은 1960년대 중반 허드슨 연구소를 설립해 시나리오 적용 범위를 넓혔어요. 이제 미래 시나리오는 정책, 사회문제 해결, 외교, 비즈니스 등 다양한 방면에서 활용되고 있어요.

　이 책에 실려 있는 12개의 미래 뉴스도 일종의 미래 시나리오 역할을 합니다. 아직 발생하지 않은 미래 사건을 구체적으로 기술해 미래의 눈으로 현재를 바라볼 수 있게 해주죠. '바다에 플라스틱 쓰레기가 많아지고 있다'가 현재 발생하고 있는 사건이라면, 미래 뉴스에서 이를 바탕으로 '플라스틱 쓰레기에 국가 바코드를 달아 바다 쓰레기가 어느 국가에서 버려진 것인지 알 수 있게 한다'는 아이디어로 발전시킬 수 있습니다. 이를 더 구체화해 '국제 쓰레기 기구에서 분석한 결과 한국은 바다 쓰레기 지분의 40퍼센트를 차지한다'라는 상상이 담긴 문장을 만들 수도 있죠. 여기 등장한 '국제 쓰레기 기구'와 '한국의 바다 쓰레기 지분 40퍼센트'는 아직 발생하지 않은 미래 사건이지만 바다 쓰레기 문제와 한국에서 버려지는 쓰레기의 파급력을 다시 한 번 생각할 수 있게 만들어 줍니다.

이처럼 미래 뉴스를 쓰는 연습은 사회를 다양한 시선으로 관찰할 수 있게 만들어 주고, 그에 대한 대비를 도와줍니다. 그렇다면 미래 뉴스는 어떻게 쓸 수 있을까요?

미래 뉴스 작성 방법

1. 최근의 뉴스를 하나 고른다.
2. 해당 뉴스에서 다루고 있는 사건이 무엇인지 분석한다.
3. 이 사건으로 생길 수 있는 미래의 사건들을 상상해 본다. 이때 위기가 되는 사건과 기회가 되는 사건을 고르게 생각해 본다.
4. 다양한 미래의 사건 중에서 실제로 일어난다면 사회를 크게 변화시킬 사건을 하나 고른다. 또는 쉽게 예측이 안 되는 사건을 한 가지 선택한다.
5. 이 사건을 설명하는 가상의 뉴스 문장을 하나 만든다.
6. 인과관계에 따라 앞뒤로 문장을 덧붙여 뉴스를 쓴다.
7. 현재는 사용하지 않는 새로운 용어를 만들어 본다.
8. 뉴스에 제목을 붙인다.

여러분도 누구나 미래 뉴스를 써볼 수 있어요. 내가 쓴 미래 뉴스가 얼마나 정확도가 높은지는 중요하지 않아요. 똑같은 주제를 놓고 우려가 담긴 미래 뉴스를 쓸 수도 있고, 긍정적인 미래 뉴스를 쓸 수도 있죠. 이처럼 미래 뉴스 쓰기를 통해 우리가 배울 수 있는 건, 내가 얼마나 잘 예측하느냐가 아니라, 얼마나 다양한 관점으로 미래를 상상할 수 있는지입니다. 군사 전략에서 활용되었던 미래 시나리오도 한 가지 전략만으로는 부족했기에 도입되었어요. 내가 미처 생각하지 못했던 사각지대를 드러내 주는 것도 미래 시나리오의 역할입니다.

SF 작가인 어슐러 르 귄^{Ursula Le Guin}은 뛰어난 SF 소설은 우리 사회를 비추는 거울이 된다고 말했습니다. 미래를 상상하는 것은 현재를 더 잘 보기 위한 연습이 됩니다. 자기만의 미래 뉴스를 쓰는 연습을 통해 미래와 현재를 통찰할 수 있는 시선을 길러 보세요.

참고 자료

도서

- 강명관 지음, 《조선시대 책과 지식의 역사》, 천년의상상, 2014
- 나디아 허 지음, 남혜선 옮김, 《동물원 기행》, 어크로스, 2016
- 마크 라이너스 지음, 이한중 옮김, 《6도의 멸종》, 세종서적, 2014
- 설혜심 지음, 《소비의 역사》, 휴머니스트, 2017
- 아손 그렙스트 지음, 김상열 옮김, 《스웨덴 기자 아손, 100년 전 한국을 걷다》, 책과함께, 2005
- 조지 오웰 지음, 정회성 옮김, 《1984》, 민음사, 2003
- 지그프리트 겐테 지음, 권영경 옮김, '《독일인 겐테가 본 신선한 나라 조선, 1901》, 책과함께, 2007
- 팀 던럽 지음, 엄성수 옮김, 《노동 없는 미래》, 비즈니스맵, 2016
- 피터 싱어 지음, 김성한 옮김, 《동물 해방》, 연암서가, 2012
- 호프 자런 지음, 신혜우 그림, 김희정 옮김, 《랩걸》, 알마, 2017

보고서

- 고용노동부, 한국고용정보원(2013). 〈국내외 직업비교분석 및 분야별 창직연구〉
- 에너지경제연구원(2019). 〈세계 에너지시장 인사이트〉, 제19-6호, 3-5.
- 이재갑, 대한인수공통전염병학회(2016), 〈지카바이러스의 역사와 중남미 발생 상황의 이해〉
- 해양수산부, 해양환경관리공단(2015). 〈국가해안쓰레기 모니터링 용역 결과 보고서〉
- BP p.l.c.(2018). BP Statistical Review of World Energy 2018
- International Food Policy Research Institute, Welthungerhilfe, and Concern Worldwide(2017). 2017 global hunger index: The inequalities of hunger

- Intergovernmental Science-Policy Platform on Biodiversity and Ecosystem Services(2019). Global Assessment Report on Biodiversity and Ecosystem Services
- IOM(2009). 'Migration, climate change, and the environment' poliicy brief
- United Nations, Department of Economic and Social Affairs, Population Division(2015). World Population Prospects: The 2015 Revision - Key Findings and Advance Tables
- WWF(2018). Living Planet Report - 2018: Aiming Higher
- WEF(2016). The Future of Jobs: Employment, Skills and Workforce Strategy for the Fourth Industrial Revolution
- WEF(2018). The Future of Jobs Report 2018
- World Health Organization and United Nations Children's Fund(2015). Progress on Sanitation and Drinking-Water: 2015 Update and MDG Assessment

논문

- Allan, J.A.(1998). Virtual Water: A Strategic Resource Global Solutions to Regional Deficits. Ground Water, 36(4), 545-546.
- Carl Benedikt Frey and Michael A. Osborne(2013), The Future of Employment: How Susceptible are Jobs to Computerization?. Technological Forecasting and Socila Change, 114, 254-280.
- Giles, Jim(2005). Internet Encyclopaedias Go Head To Head. Nature, 438(7070), 900-901.
- J. R. Jambeck, R. Geyer, C. Wilcox, T. R. Siegler, M. Perryman, A. Andrady, R. Narayan, and K. L. Law(2015). Plastic waste inputs from land into the ocean. Science, 347(6223), 768-771.
- Mann, Sandi and Cadman, Rebekah(2014). Does Being Bored Make Us More Creative?. Creativity Research Journal, 26(2), 165173.
- Neil Thompson and Douglas Hanley(2017). Science is Shaped by Wikipedia:

Evidence From a Randomized Control Trial, MIT Sloan Research Paper, 5238(17).

- Sebastian Bathiany, Vasilis Dakos, Marten Scheffer and Timothy M. Lenton(2018), Climate models predict increasing temperature variability in poor countries, Science Advances, 4(5).

- Sen, Amartya(2002). Why half the planet is hungry. The Observer.

웹사이트

- Art Works for Change

  https://www.artworksforchange.org/portfolio/chris-jordan

- Who Made My Clothes Archives

  https://www.fashionrevolution.org/tag/who-made-my-clothes

- 국가기록원

  http://www.archives.go.kr

- 국제연합

  https://www.un.org

- 대한민국역사박물관

  https://muchkorea.tistory.com/1025

- 리사이클링 테크놀로지

  https://recyclingtechnologies.co.uk

- 매사추세츠공과대학교 미디어랩

  https://www.media.mit.edu/articles/the-future-of-agriculture-is-computerized

- 서울연구데이터서비스

  http://data.si.re.kr/node/368

- 세계기아지수

  https://www.globalhungerindex.org/results.html

- 세계자연기금 한국 공식 홈페이지

  https://www.wwfkorea.or.kr

- 한국민족문화대백과사전

  http://encykorea.aks.ac.kr
- 한국ABS연구센터

  https://www.abs.re.kr/app/absInfo/nagoyaView.do

교과 연계

 중학교

찾아보기

2040년이 보이는
미래 사회 설명서 1

지속 가능한 자원과 경제

초판 1쇄 2020년 5월 22일
초판 2쇄 2022년 5월 20일

지은이　황윤하

펴낸이　김한청
기획편집　원경은 김지연 차언조 양희우 유자영 김병수
마케팅　최지애 현승원
디자인　이성아 박다애
운영　최원준 설채린

펴낸곳　도서출판 다른
출판등록　2004년 9월 2일 제2013-000194호
주소　서울시 마포구 양화로 64 서교제일빌딩 902호
전화　02-3143-6478　**팩스** 02-3143-6479　**이메일** khc15968@hanmail.net
블로그　blog.naver.com/darun_pub　**인스타그램** @darunpublishers

ISBN　979-11-5633-286-2 44300
　　　　979-11-5633-285-5 (세트)